公民文化素养读本

编著

天天读

中国华侨出版社
·北京·

图书在版编目（CIP）数据

中华文化天天读 / 陈燕松编著 . —北京：中国华侨出版社，2020.1

ISBN 978-7-5113-8122-4

Ⅰ.①中… Ⅱ.①陈… Ⅲ.①中华文化—通俗读物

Ⅳ.① K203-49

中国版本图书馆 CIP 数据核字（2019）第 272981 号

中华文化天天读

编　　著 / 陈燕松

责任编辑 / 姜薇薇　桑梦娟

责任校对 / 孙　丽

经　　销 / 新华书店

开　　本 / 670 毫米 × 960 毫米　1/16　印张 / 20　字数 / 216 千字

印　　刷 / 三河市华润印刷有限公司

版　　次 / 2022 年 2 月第 1 版第 2 次印刷

书　　号 / ISBN 978-7-5113-8122-4

定　　价 / 68.00 元

中国华侨出版社　北京市朝阳区西坝河东里 77 号楼底商 5 号　邮编：100028

法律顾问：陈鹰律师事务所

编辑部：（010）64443056　　64443979

发行部：（010）64443051　　传真：（010）64439708

网　　址：www.oveaschin.com

E-mail：oveaschin@sina.com

自序

　　人的一生，既简单又复杂，既浅白又隽永，既短暂又漫长。少年愚顽，青年贪欢，中年凝重，老年则将一切视为夕照青山。一天复又一天，一年复又一年，人生如何度过？历来仁者见仁，智者见智。我的思绪常常漫步云水之间。

　　人因为感性，所以需要情怀；人因为理智，所以需要思想；人因为"因为"，所以有了"所以"。人生多彩，世事缤纷。倘若将人生与文化，人生与智慧，人生与柔软的心灵、开阔的境界混糅起来，那人生不仅有了意义，而且有趣有味。

　　中华民族历史悠久，中华文化博大精深。作为人生旅行者，我常常潜游于书的海洋，或中外古今，或天南海北，林林总总，自由阅读。读书使人明理，使人丰富，使人生动。读到妙处，我喜极而泣，我掩卷沉思。读书真好！

　　人生旅行，如同经历一次跋涉，如同赶赴一场盛宴。文化之于人生，犹如春风，犹如甘霖，犹如不竭不尽的源泉。我常常想，如能将我所读之书，将我感觉感想摘其精要、汇集成册，当能为更多的朋友节约宝贵时间，为他们人生旅行提供有益的借鉴。在此驱动下，我着手编著了《中华文化天天读》一书。

此书编写有些别出心裁，最大特色就是广博而繁杂。于繁杂之中，见中华文化，见社会知识，见人生智慧。以 365 天编串，每天一篇。包括每月诗词、每月成语、每月节气、每月节日、每月一花、每月一鱼、每月一菜、每月名画、每月书法；包括诸子百家、历史人物、历史故事、文化名人、诗人词人、中国寓言、中华地理、中药文化、壶中日月、茶事茶趣、名人名言等；也包括我近期写的新诗、文章等。于繁杂之中，与诸位朋友交流，品赏中华文化，瞭望中华历史，领悟中华精神，体察中华价值。

坚持文化自信，弘扬中华文化。当前，全国正在开展"全民阅读"活动，正在加快"学习强国"建设。相信本书的出版，能迎合时代之呼唤，能满足人们之需要。能为诸位朋友，带来读书的美妙体验和莫大快乐。

是为序。

目录

二月

三月

四月

五月

六月

七月

八月

九月

十月

十一月

十二月

一月

元旦

元旦，又称新年，是公历的第一天。世界各个国家在这一天都举行热烈的庆祝活动。

元旦是个国际性节日，不同民族有不同的故事。最早给元旦命名的是古埃及人。由于计算尼罗河泛滥周期的需要，产生了古埃及的天文学和太阳历。7000年前，古埃及人经过长期观察，发现每当天狼星和太阳一同升起时，尼罗河水立时上涨，而且与下次涨水时间总是相隔约365天。于是，古埃及人就把尼罗河涨水的这一天作为新年的开始，称为"涨水新年"。这大约是元旦新年最早的由来。

1949年9月，中国人民政治协商会议第一届全体会议决议，中华人民共和国纪年采用公元纪年法。由此，所有政府文告、统计报表、报纸刊头等均采用公历。中国传统的农历纪年，除在重要报纸报头的公历后边标注外，在官方文件中已经消失。

1949年12月，在政务院通过的《全国年节及纪念日放假办法》中，元旦被规定为我国四大法定节日之一。

丁未元月

（宋）杨万里

献岁朝未央，新霁快明发。

晨曦耿五色，宿霭炊四彻。

洗清万沟尾，销尽一月雪。

素光从何来，晶荧落寒笏。

回胆背阴处，犹藏半檐白。

夜来有微霜，雪上辨不得。

时於翠幕顶，扫掠见琼屑。

还将黄金日，正射白银阙。

忽然卷班出，红缘乱眼禧。

归来饮屠酥，笑向儿女说。

西江月·正月天饶阴雨

（宋）朱敦儒

正月天饶阴雨，江南寒在晨朝。娇莺声袅杏花梢。暗淡绿窗春晓。

好梦空留被在，新愁不共香销。小楼帘卷路迢迢。望断天涯芳草。

每月诗词　1月3日

寄李渤

（唐）张籍

五度溪头踯躅红，嵩阳寺里讲时钟。

春山处处行应好，一月看花到几峰。

鹊桥仙·寄朋权

（宋）张继先

神清心妙，山长水远，有分何年瞻望。

晴空一月彩云飞，又起我、无穷想像。

一阳门径，九华恩露，惟愿分明指向。

竹风频起紫微烟，似有意、许归吾党。

每月成语　1月4日

一日千里

欧阳修是北宋著名诗人，也是著名散文家，"唐宋八大家"之一。

欧阳修四岁时就失去父亲，依靠母亲打工维持生活，家里极为贫困。少时读书，家里无法提供纸笔，只能用草根儿当笔写字作画。条件虽然艰苦，但他勤奋学习，终于学有所成。

有一年，洛阳镇守钱惟演修了一座馆舍，特请本城文豪谢希深、尹师鲁和后起之秀欧阳修，各写一篇记事文。三人各显其能，半日成文。初评时，尹文最好。欧阳修当晚便上门向尹师鲁请教。尹师鲁见欧阳修为人谦恭，便悉心指点。回到馆舍后，欧阳修将自己所写文章又重新修改，逐字逐句仔细推敲，于深夜才歇息。

第二天，欧阳修将昨晚修改的文章给尹师鲁看。尹师鲁连连称赞，极为感慨说："欧九真一日千里也。"

由此引出"一日千里"这个成语。

二十四节气歌

春雨惊春清谷天，夏满芒夏暑相连。

秋处露秋寒霜降，冬雪雪冬小大寒。

二十四节气的命名，反映了时令季节、物候现象、气候变化三种。反映时令季节的是立春、春分、立夏、夏至、立秋、秋分、立冬、冬至；反映物候现象的是惊蛰、清明、小满、芒种；反映气候变化的是雨水、谷雨、小暑、大暑、处暑、白露、寒露、霜降、小雪、大雪、小寒、大寒。

二十四节气，体现了劳动人民的深刻观察，体现了劳动人民的生活体验。是中国古代人民的智慧结晶，被列入人类非物质文化遗产代表作名录。二十四节气，被国际气象界誉为"中国的第五大发明"。

小寒

小寒，是二十四节气中的第二十三个节气。一般在每年公历1月5日前后交节。俗话说"小寒大寒，冻作一团"。此时，华夏大地已处于隆冬阶段，万物蛰伏，寸草不生。

小寒时节，年味渐浓，人们写春联、剪窗花、买年画、备年货，忙得不亦乐乎，正在为即将到来的春节做准备。

据《津门杂记》记载，旧时天津地区，有小寒时节吃黄芽菜的习俗。所谓的黄芽菜，实际上是由白菜芽制作而成的。在广东地区，则有在小寒当天早上吃糯米饭的传统习惯。

咏廿四气诗·小寒十二月节

（唐）元稹

小寒连大吕，欢鹊垒新巢。

拾食寻河曲，衔紫绕树梢。

霜鹰近北首，雏雉隐丛茅。

莫怪严凝切，春冬正月交。

每月一花　1月7日

十二月花名歌

正月山茶满盆开，

二月迎春初开放。

三月桃花红十里，

四月牡丹国色香。

五月石榴红似火，

六月荷花满池塘。

七月茉莉花如雪，

八月桂花满枝香。

九月菊花姿百态，

十月芙蓉正上妆。

冬月水仙案头供，

腊月寒梅斗冰霜。

茶花

茶花又名山茶花，是山茶科、山茶属多种植物和园艺品种的通称。茶花品种极多，是中国传统的观赏花卉，中国"十大名花"。

传说：古时候有个妇女，她孤独一人，早出晚归劳动，生活过得舒心。她喜爱花草，院内院外种了不少。

有一天，她见一株九蕊十八瓣的花映在水面，色彩极为鲜艳，就看呆了。她时刻想念，不几天就生了病。一个美丽姑娘来到病床边，给她治病，并送了一株山茶花。

姑娘走后，妇女就将山茶花种在院里。不几年，茶花树就长大开花了，树姿虬劲优美，绿叶四季不凋；那一朵一朵的花，大如牡丹，灿如云霞，风姿绰约，耀眼生辉！据说，送以茶花的那个姑娘，是天上的茶花仙女！

古诗中的茶花：

山茶

（宋）陆游

东园三月雨兼风，桃李飘零扫地空。

唯有山茶偏耐久，绿丛又放数枝红。

每月一鱼　1月9日

时令鱼歌（闽南语）

春夏秋冬，四时更替。世界万物，皆有时令之特点、时令之变化，正所谓适时、适宜。此歌是流行在闽南渔村的"时令鱼歌"，概述了每个月最为鲜美的"时令鱼"。读来既增长知识，又饶有趣味。

歌曰：

一鲔二红鲹，

三鲳四马鲛，

五鲙六加腊，

七小管八墨贼，

九是狗母，

十是犁头鲨，

十一是红瓜，

十二是龙虾甲钓白带。

每月一鱼　1月10日

鲔鱼

中文学名：四指马鲅

地方名：午鱼、午仔

分类地位：硬骨鱼纲，鲈形目，马鲅科，四指马鲅属

形态特征：

1、体型：体延长，侧扁。头中大，口大。

2、体色：体背灰褐色，腹侧乳白色。

生活习性：喜栖泥沙底质近海内湾。肉食性，主食鱼类和虾类。

经济价值：属上等食用鱼，可制作罐头。

趣闻：

是一种只负责生育的"父亲"。它长大后就会选择一条雌鱼，咬住雌鱼腹部组织并贴附在上面。雌鱼一般较大，可裹住雄鱼。最后，雌鱼带着寄生在自己体内的雄鱼一齐沉入海底，开始"二鱼世界"的底栖生活。雄鱼一生营养由雌鱼提供，唯一职责就是交配，当"父亲"。

每月一菜　1月11日

历史悠久·鲁菜

鲁菜源于山东，历史悠久。山东古称"齐鲁之邦"，鲁菜因而得名。明、清两代，列为八大菜系之首。

鲁菜分为济南风味、胶东风味和孔府风味。

代表名菜有芙蓉鸡片、葱烧海参等。

传说：八仙过海闹罗汉。

"八仙过海闹罗汉"是孔府喜庆寿宴时第一道名菜。从汉初到清末，许多皇帝都亲临孔府祭祀孔子。孔府设宴招待，孔宴闻名四海。

此菜用鸡作为罗汉，以鱼翅、海参、鲍鱼、鱼骨、鱼肚、虾、芦笋、火腿8种主料为"八仙"，故名"八仙过海闹罗汉"。一上席即开锣唱戏，大家一边品尝一边听戏，十分热闹。

名菜谱·黄焖鸡

原料：鸡肉块350克，水发香菇160克，水发木耳90克，水发笋干110克，干辣椒、姜片、蒜头、葱段各少许，啤酒600毫升。

调料：盐 3 克，鸡粉少许，蚝油 6 克，料酒 4 毫升，生抽 5 毫升，水淀粉、食用油各适量。

励志人生　1月12日

龟虽寿

（东汉）曹操

神龟虽寿，犹有竟时。

腾蛇乘雾，终为土灰。

老骥伏枥，志在千里。

烈士暮年，壮心不已。

盈缩之期，不但在天；

养怡之福，可得永年。

幸甚至哉，歌以咏志。

曹操，东汉末期丞相，后被封为魏王。曹操一生跃马扬鞭，战功卓著。写此诗时，诗人 53 岁，故以"老骥"自譬。

曹操"一门三杰"，与其子曹丕、曹植皆是诗人，且又是辞赋名家。曹植被后世称为中国三大"天才诗人"，与李白、苏轼齐名。

饮酒

（东晋）陶渊明

结庐在人境，而无车马喧。

问君何能尔？心远地自偏。

采菊东篱下，悠然见南山。

山气日夕佳，飞鸟相与还。

此中有真意，欲辨已忘言。

陶渊明，东晋时曾任桃源县令。因"不愿为五斗米而折腰"而归隐山林。诗人胸无尘浊，自然清静。

忽一天，诗人采菊东篱，遥望南山，顿生感慨。此中情味，何其深远。

登快阁

（北宋）黄庭坚

痴儿了却公家事，快阁东西倚晚晴。

落木千山天远大，澄江一道月分明。

朱弦已为佳人绝，青眼聊因美酒横。

万里归船弄长笛，此心吾与白鸥盟。

黄庭坚，北宋时曾任太和县知县。黄庭坚少年丧父，长大后侍母极孝，坚持天天亲手为母亲"洗马桶"，传为佳话。

黄庭坚既是诗人，又是书法名家，对禅学也颇有研究。此诗写于任上，境界高远，色彩明丽，读来饶有情趣。

励志人生　1月15日

燕京杂诗

（清）郑燮

不烧铅汞不逃禅，不爱乌纱不要钱。
但愿清秋长夏日，江湖常放米家船。

郑燮，郑板桥，清朝时曾任县令。其画风独辟蹊径，为"扬州八怪"之一。郑板桥不论当官理政，不论吟诗作画，从不随大流，坚持走自己的路。

郑板桥对"竹"极为偏好，擅长画"竹"。其名言"难得糊涂"常被作为人生座右铭，悬挂于书房。

励志人生　1月16日

渔家傲·秋思

（北宋）范仲淹

塞下秋来风景异，衡阳雁去无留意。四面边声连角起，千嶂里，长烟落日孤城闭。

浊酒一杯家万里，燕然未勒归无计。羌管悠悠霜满地，人不寐，将军白发征夫泪。

范仲淹，北宋时曾任参知政事（相当于副宰相）。此词是作者任陕西经略副使时写的。表明将士们为国征战为国立功的豪情壮志。词风苍凉豪放。

范仲淹少时贫苦，有"划粥而读"的佳话。《岳阳楼记》中名句："先天下之忧而忧，后天下之乐而乐"，常被后世作为励志的"座右铭"。

励志人生　1月17日

江城子·密州出猎

（北宋）苏轼

老夫聊发少年狂，左牵黄，右擎苍。锦帽貂裘，千骑卷平冈。为报倾城随太守，亲射虎，看孙郎。

酒酣胸胆尚开张，鬓微霜，又何妨！持节云中，何日遣冯唐？会挽雕弓如满月，西北望，射天狼。

苏轼，字东坡，北宋著名诗人，文学家。苏东坡曾在多处任地方官员。当时西夏和辽不断侵扰，边疆很不安宁。此词借写打猎抒发为国效力的雄心壮志。

苏轼与其父苏洵、其弟苏辙同是诗人、散文家，称"苏门三杰"，位列"唐宋八大家"。

诉衷情

（南宋）陆游

当年万里觅封侯，匹马戍梁州。关河梦断何处？尘暗旧貂裘。

胡未灭，鬓先秋，泪空流。此生谁料，心在天山，身老沧洲。

陆游，南宋爱国诗人。曾任地方官员。早年有过横刀跃马的军旅生活。此词为晚年作品，表明自己老而壮志未酬，仍不忘报国，思想境界极高。

陆游与表妹唐婉曾经结为夫妻，有过一段凄美的爱情故事。其词"钗头凤"，写得极为哀怨动人，成为文坛佳话。

破阵子·为陈同甫赋壮词以寄之

（南宋）辛弃疾

醉里挑灯看剑，梦回吹角连营。八百里分麾下炙，五十弦翻塞外声。沙场秋点兵。

马作的卢飞快，弓如霹雳弦惊。了却君王天下事，赢得生前身后名。可怜白发生！

辛弃疾，南宋爱国词人。主张抗金，早年曾自募兵勇抗击金兵。后任地方官员仍参与谋划军国大事。此词形象鲜明，慷慨激昂，闪耀着爱国主义光辉。

辛弃疾词作成就极高，其词纵横六合，豪情奔放，与苏轼并称为"苏辛"。

每月节气　1月20日

大寒

大寒，是二十四节气中的最后一个节气。一般在每年公历1月20日前后交节。"寒气之逆极，故谓大寒。"

大寒时节，农事渐少，农家有一段"农闲"时间。人们备年货、赶年集、扫尘、贴窗花等。"过了大寒，又是一年。"

大寒时节，年味渐浓，先是"腊八"，吃"腊八粥"；紧接又是"尾牙"，商店老板一般会安排"尾牙宴"，酬谢员工，融洽情谊。再后来，是过小年，北方地区在腊月二十三，南方地区则是腊月二十四。

大寒吟

（北宋）邵雍

旧雪未及消，新雪又拥户。

阶前冻银床，檐头冰钟乳。

清日无光辉，烈风正号怒。

人口各有舌，言语不能吐。

长歌行（节选）

（汉乐府）佚名

……

百川东到海，何时复西归？

少壮不努力，老大徒伤悲。

劝学

（唐）颜真卿

三更灯火五更鸡，正是男儿读书时。

黑发不知勤学早，白首方悔读书迟。

明日歌

（明）文嘉

明日复明日，明日何其多；

日日待明日，万事成蹉跎。

世人若被明日累，无日无穷老将至。

晨昏滚滚水东流，今日悠悠日西沉。

百年明日能几何？请君听我明日歌。

奋斗的人生

巴金

奋斗就是生活，人生惟有前进。
金钱并不能给我增加什么，
使我能够活得更好的还是理想。

励志人生　1月23日

为天地立心

（北宋）张载

为天地立心，为生民立命，
为往圣继绝学，为万世开太平。

我这一生（节录）

季羡林

不昧良心，不违背常情，不用尽物力，
做到这三点，就为天地确立心性，
为百姓立命，为子孙后代造福。

除夕

除夕，农历一年最后一天，即十二月二十九或三十。原意为"岁除"，指岁末除旧布新。"除夕"，含有"旧岁到此而除，明日另换新岁"的意思。

传说：

除夕，来自上古时代岁末除旧布新、祭祀祖先习俗。最早提及"除夕"这一名称的，是西晋《风土记》等史籍。

除夕主要有贴年红、年夜饭、压岁钱、辞岁、守岁等习俗。除夕，全家人在一起吃"团圆饭"，有一家人团聚过年的味道。除夕守岁，有"燃灯照岁"的习俗，即大年夜遍燃灯烛，就会使来年家中财富充实。家里家外贴门神、贴春联、贴年画、挂门笼。北方人过年包饺子、蒸馍等；南方各地则风俗不同，如做年糕、包粽子、煮汤圆等。

古诗中的除夕：

除夕

（南宋）文天祥

乾坤空落落，岁月去堂堂。末路惊风雨，穷边饱雪霜。
命随年欲尽，身与世俱忘。无复屠苏梦，挑灯夜未央。

春节

　　春节，农历正月初一，又叫阴历年，俗称"过年"。这是我国最隆重、最热闹的一个传统节日。别称：岁首、新春、新岁、新禧、年禧等，口头上又称度岁、庆岁、过年等。春节有迎禧接福、拜神祭祖、祈求丰年等习俗。

　　传说：

　　古时候，有一种叫"年"的怪兽，头长触角，凶猛异常。"年"长年深居海底，每到除夕夜里才爬上岸，吞食牲畜，伤害百姓。后来，有人发现，"年"怕火、怕光、怕红。于是，每年除夕，家家贴红对联、燃放爆竹；户户烛火通明、守更待岁。这样，便平安过年了。

　　古诗中的春节：

元日

（北宋）王安石

爆竹声中一岁除，春风送暖入屠苏。

千门万户曈曈日，总把新桃换旧符。

名人名言

夫仁者，己欲立而立人，己欲达而达人。

——《论语·雍也》

为仁由己，而由人乎哉？

——《论语·颜渊》

仁远乎哉？我欲仁，斯仁至矣。

——《论语·颜渊》

儒有澡身而浴德。

——《礼记·儒行》

苟日新，日日新，又日新。

——《礼记·大学》

名人名言　1月27日

名人名言

合抱之本，生于毫末；
九层之台，起于累土。

——选自《道德经》

图难于其易，为大于其细。
天下难事，必作于易。
天下大事，必作于细。

——选自《道德经》

既以为人，己愈有；

既以与人，己愈多。

——选自《道德经》

名人名言　1月28日

名人名言

少而好学，如日出之阳；

壮而好学，如日中之光；

老而好学，如炳烛之明。

——选自《说苑》

耳闻之不如目见之，目见之不如足践之。

——选自《说苑》

盖有非常之功，必待非常之人。

——选自《汉书》

少年辛苦终身事，莫向光阴惰寸功。

——选自唐杜荀鹤《题弟侄书堂》

认真的做事，严肃的做人（节录）

胡适

生命本没有意义，你要能给他什么意义，他就有什么意义。

与其终日冥想人生有何意义，

不如试用此生做点有意义的事……

大胆的假设，小心的求证；

认真的做事，严肃的做人。

我们要深信：今日的失败，

都由于过去的不努力；

我们要深信：今日的努力，

必定有将来的大收成。

有话就说

人生，初用心难，难在于朝霞晨露，常常有梦想的可爱；老用心难，难在于夕阳迟暮，往往眼眺西山。中年之用心，则又泰山压顶，肩担重负。倘若一生俱不用心，则心有何用？无用之心，不如不要。

人生是以生命作为基座的。生命的本质就是思想，就是心灵。真正的生活，就是有思想、有心灵的生活。

——选自陈燕松《品味人生》

新诗欣赏：

春联红

陈燕松

十里十街春联红，千家千户年酒浓。

高堂慈母勤相问，又嘱儿女莫匆匆。

有话就说　1月31日

有话就说

人生的天平，以善恶作为衡器。人心趋善，则重若泰山。反之，轻若鸿毛。

人生不在于解答多少问题，而在于经历多少事实。

人生的乐章，在于山之巍峨、海之澎湃；在于水之飘逸、土之厚实；在于木之秀、花之美、草之灵；在于饭后的一个饱嗝、茶余的一句笑话、梦醒时的一声叹息、独处时一颗欲滴未滴的泪珠。

你的人生目标如何？有一句广告词极妙，"不求最好，但求更好"。

——选自陈燕松《品味人生》

人物画

人物画，以人物形象为主体的绘画的通称。中国画的画科之一，内容以描绘人物为主。分为人物肖像画和人物故事、风俗画。人物画在春秋时期已经达到很高水准。

（唐）张萱《虢国夫人游春图》

篆书

商代（甲骨文），西周、东周篆书（金文、大篆），秦篆书（小篆）。约公元前 1300—221 年（殷商—秦）。代表性书家有李斯、李阳冰、邓石如、赵之谦、吴昌硕等，代表性作品有甲骨文及《散氏盘》《毛公鼎》《石鼓文》《峄山碑》等。

甲骨文

金文·《毛公鼎》

大篆·《石鼓文》

会稽刻石

赵之谦《篆书铙歌册》

二月

浣溪沙·二月春花厌落梅

（北宋）晏几道

二月春花厌落梅。仙源归路碧桃催。

渭城丝雨劝离杯。

欢意似云真薄幸，客鞭摇柳正多才。

凤楼人待锦书来。

蝶恋花·腊雪初销梅蕊绽

（北宋）欧阳修

腊雪初销梅蕊绽。梅雪相和，喜鹊穿花转。

睡起夕阳迷醉眼，新愁长向东风乱。

瘦觉玉肌罗带缓。红杏梢头，二月春犹浅。

望极不来芳信断。音书纵有争如见。

二月二日

（唐）白居易

二月二日新雨晴，草芽菜甲一时生。

轻衫细马春年少，十字津头一字行。

咏柳

（唐）贺知章

碧玉妆成一树高，万条垂下绿丝绦。

不知细叶谁裁出，二月春风似剪刀。

每月成语　2月3日

两袖清风

明朝民族英雄于谦，在青年时就写下《石灰吟》。以石灰自比，哪怕"粉身碎骨""烈火焚烧"，要把清白留在人间。

后来，于谦当了山西、河南巡抚。他信守诺言，为官清廉。朝里有个宦官叫王振，专横跋扈，贪得无厌。每次朝会，不少地方官员，都要向他献纳财宝，以求晋升。如若不然，将招致种种非难、打击。于谦十分讨厌王振所作所为，每次进京，任何礼品都不带，一些同僚为他感到忧虑。一次，于谦又要进京办事了，同僚们就劝他说："你不献金送玉，带些土特产，如绢帕、麻菇、线香之类，也可送个人情啊！"

于谦听罢哈哈大笑，随即提笔赋诗一首：

绢帕麻菇及线香，本资民用反为殃。

清风两袖朝天去，免得闾阎话语长。

于谦写毕，两袖一甩，昂首挺胸，便朝京城方向匆匆上路了。他的《入京》诗也随之在百姓中流传开去。

由此引出"两袖清风"这个成语。

立春

立春，是二十四节气中的第一个节气。一般在每年公历2月3日至5日交节。它是春季里首个节气，意味着新的一年开始。如诗所说，"从此雪消风自软，梅花合让柳条新"。

因为"立春一日，百草回芽"，"立春一日，水暖三分"，农时不可误。从事耕作人们，开始为一年农事做准备了。

历史上，每逢立春日，官府和民间都会举办一些迎春活动。官府有一些隆重的祭祀活动，民间有迎春、报春、游春活动。立春这天，有些地方，家家户户要摆春盘、炸春卷、做春饼，人们将这一天吃食叫作"咬春"。

减字木兰花·立春

（北宋）苏轼

春牛春杖，无限春风来海上。
便丐春工，染得桃红似肉红。
春幡春胜，一阵春风吹酒醒。
不似天涯，卷起杨花似雪花。

迎春花

迎春花：别名迎春、黄素馨、金腰带，因其在百花中开花最早而得名。

迎春花与梅花、水仙和山茶花统称为"雪中四友"。

传说：

很早以前，舜令大禹治水。禹在涂山遇到一位姑娘。姑娘烧水做饭，指点水源，两人就成亲了。禹因忙着治水，临走时，把束腰的荆藤解下来递给姑娘。姑娘说："等到荆藤开花，洪水停流，人们安居乐业，我们再团聚。"当禹回来，姑娘因为站在高山等他，早已变成石像了。

荆藤开花了，洪水消除了。大禹为了纪念姑娘，就给这荆藤花起个名叫"迎春花"。

古诗中的迎春花：

迎春花

（北宋）韩琦

覆阑纤弱绿条长，带雪冲寒折嫩黄。

迎得春来非自足，百花千卉共芬芳。

红鲹

中文学名：卵形鲳鲹

地方名：黄腊鲳

分类地位：硬骨鱼纲，鲈形目，鲹科，鲳鲹属

形态特征：

1、体型：体高，侧扁，体长不及体高的 2 倍。

2、体色：背部蓝青色，腹部银色，奇鳍带黄色。

生活习性：暖水性中上层洄游鱼类，具群聚性。肉食性，主食小型动物浮游生物、甲壳类。

经济价值：为名贵食用海鱼。

每月一菜　2月7日

风味独特·川菜

川菜是中国风味最为独特的菜系，也是民间最大菜系。川菜源于先秦巴国蜀国。明末清初，辣椒首次引进四川并用来调味，自此，四川形成"无辣不欢"的饮食习惯。

川菜分为蓉派川菜、盐帮菜和渝派川菜。

代表名菜有水煮鱼、宫保鸡丁、麻婆豆腐、夫妻肺片、毛血旺等。

传说：夫妻肺片

四川成都地区人人皆知的一道风味名菜。

相传在 20 世纪 30 年代，成都少城附近，有一对夫妻以制售凉拌牛肺片为业。夫妻俩亲自操作，走街串巷，提篮叫卖，深受人们喜爱。人们称为"夫妻肺片"。

名菜谱·夫妻肺片

原料：熟牛肉 80 克，熟牛蹄筋 150 克，熟牛肚 150 克，青椒、红椒各 15 克，蒜末、葱花各少许。

调料：生抽 3 毫升，陈醋、辣椒酱、老卤水、辣椒油、芝麻油各适量。

元宵节

元宵节，农历正月十五，是中国重要的传统节日。古书中称为"上元"，其夜称"元夜""元夕"或"元宵"。而"元宵"一直沿用至今。元宵有张灯、看灯的习俗，民间称为"灯节"。还有吃元宵、猜灯谜、舞龙、舞狮子等风俗。

传说：

中国古代历法和月相有密切关系。正月十五，人们迎来一年之中第一个月满之夜，理所当然被看作吉日。早在汉代，已被用作祭祀天帝、祈求福佑的日子。古人把正月十五称"上元"，七月十五称"中元"，十月十五称"下元"。在南北朝早期，三元皆举行大典。三元中，上元最受重视。

古诗中的元宵节：

十五夜观灯

（唐）卢照邻

锦里开芳宴，兰缸艳早年。
缛彩遥分地，繁光远缀天。
接汉疑星落，依楼似月悬。
别有千金笑，来映九枝前。

诸子百家 2月9日

诸子百家

诸子百家，指春秋战国时期各学术门派。据《汉书·艺文志》记载，有名字的共有 189 家，有著作 4324 篇。《隋书·经籍志》《四库全书总目》等，则记载"诸子百家"实有上千家之多。流传较广、影响较大的，则不过数十家而已。

诸子百家，如儒家、道家、墨家、法家、阴阳家、名家、杂家、农家、小说家、纵横家、兵家、医家等，学术成就最为突出，流传最为广泛。诸子百家学说，各自特色鲜明，异彩纷呈。中国有文字可考的历史，历五千多年，诸子留有的文化典籍极其丰富。

春秋战国时期，各种思想学术百花齐开，与同期古希腊文明竞相辉映。以孔子、老子、墨子为代表，群星璀璨，光彩夺目。在中国文化史上，诸子百家蔚为大观，是中华民族极为宝贵的文化财富。

诸子百家 2月10日

孔子

孔子，名丘，字仲尼，鲁国陬邑（今山东曲阜）人，祖籍宋国栗（今河南商丘）。据《史记》记载，他生于公元前551年，卒于公元前479年，享年73岁。儒家学派创始人，我国伟大的思想家、教育家。后世尊为"万世师表"，称为"圣人"。

孔子周游列国，先后到卫、陈、蔡、楚、宋等国，宣扬政治抱负，皆不得用。孔子难展抱负，心灰意冷，遂返回鲁国，已68岁。自此，他首创古代私塾，潜心讲学著书，编订《五经》，撰写《春秋》，阐发儒家价值观。在政治上，孔子采取保守主义，主张恢复西周礼乐制度；在教育上，则宣扬"有教无类""因材施教"等先进思想。他在思想领域的开创性见解，促进了"诸子百家"这一文化鼎盛现象的形成。

孔子去世后，弟子们将老师一生话语摘录下来，编成《论语》。这是孔子的"言行录"，思想价值、文学价值较高，是儒学必读经典。

诸子百家　2月11日

孟子

孟子，名轲，字子舆，又字子车、子居，鲁国邹（今山东邹城）人。生于公元前 372 年，卒于公元前 289 年。他是孔子之孙子思的再传弟子，也是继孔子之后又一儒家大师。

孟子在母亲的教育下，用功读书。历史上有"孟母三迁"的故事。学成以后，以孔子继承者自任，招收弟子。并且游历列国，宣扬"仁政""王道"的主张，提倡"民为贵，社稷次之，君为轻"。他到过齐、宋、鲁、滕、梁等国，见过梁惠王、齐宣王等君主。虽然受到尊敬礼遇，但因被认为思想保守，不合当时潮流，没有得到重用。只有滕文公曾经试图推行他的政治主张。

到了晚年，孟子回乡讲学，和他的弟子万章、公孙丑等，从事著书，写成了"孟子"七篇。孟子的言论和事迹差不多都保存在这七篇之中。

老子

老子姓李，名耳，字伯阳，楚国苦县历乡（今河南鹿邑）人，生卒年不详，谥聃。有学者认为老子是战国时代的人，但较多学者认为老子是春秋时代的人。有人叫他李耳，也有人叫他老聃。

老子是我国伟大的思想家、哲学家，道家学派创始人。老子修道德，其学主无为之说，以自隐无名为务。老子著《道德经》一书，上下五千言，是中华优秀传统文化中的经典之作。书中广论道的形上学义、人生智慧义，提出一种有物混成且独立自存之自然宇宙起源论，也提出世界存在与运行原理是"反者道之动"的本体论思想。老子提出了众多的政治、社会与人生哲学观点。

墨子

墨子，名翟，春秋末战国初思想家、学者，墨家学派创始人。鲁国（今山东滕州）人。生卒于约公元前468年至公元前376年。墨子出身平民，自称"北方之鄙人"，人称"布衣之士"和"贱人"。

墨子曾为宋国大夫。曾师从史角，传其清庙之法；又学于儒者，习孔子之术，称道尧舜大禹，明于《诗》《书》《春秋》。因不满儒家礼乐烦苛，于是弃周道而用夏政。以兼爱为核心，宣扬非攻、尚贤、尚同、节用、节葬、非乐、天志、明鬼、非命等。其为人"以绳墨自矫，而备世之急"。

墨子广收生徒，宣扬自己主张，亲从弟子达数百人，声势浩大。墨子上说"王公大人"，下教"匹夫徒步之士"，几乎"遍从人而说之"。行迹所至，东到齐，西游郑、卫，南至楚、越。墨子博学多才，擅长工巧和制作，擅于守城技术，其后学总结其经验为《城守》二十一篇。墨子适于辩说，成为战国名辩思潮的祖源之一。

墨子事迹，分别见于《韩非子》《吕氏春秋》《淮南子》等书，其思想则保存在《墨子》一书中。

每月节日　2月14日

情人节

情人节，又称圣瓦伦丁节或圣华伦泰节，日期在每年公历2月14日，是西方国家的传统节日之一。情人节起源于基督教，如今已经成为全世界著名的浪漫节日。但是，不同国家的人们，表达爱意的方式却各不相同。

传说情人节起源于公元3世纪。古罗马暴君为了征召更多士兵，禁止婚礼。一名叫瓦伦丁的神父不理禁令，秘密替人主持婚礼，结果被收监，最后处死，死期就是2月14日。为纪念瓦伦丁的勇敢精神，人们将每年的2月14日定为瓦伦丁纪念日，成了后来的"情人节"。

情人节是一个关于爱、浪漫以及花、巧克力、贺卡的节日。男女在这一天互送礼物，用以表达爱意或友好。

庄子

庄子，名周，字子休，宋国蒙（今河南商丘）人。战国中期思想家、哲学家、文学家。生卒于约公元前369年至公元前286年。他是继老子之后道家学派的代表人物，创立了华夏重要的哲学学派——庄学。与老子并称"老庄"。

庄子因崇尚自由而不应楚威王之聘，只担任过宋国地方的漆园吏，史称"漆园傲吏"，被誉为地方官吏之楷模。他最早提出的"内圣外王"思想，对儒家学说影响深远。他洞悉易理，指出《易》以道阴阳"，其"三籁"思想与《易经》三才之道相合。他想象力极为丰富，语言运用自如，灵活多变，能把微妙难言的哲理说得引人入胜。代表作为《庄子》，其中名篇有《逍遥游》《齐物论》等。其作品后世评价极高，被称为"文学的哲学，哲学的文学"。

据传，庄子曾隐居南华山，卒葬南华山。故唐玄宗天宝初，被诏封为南华真人。其书《庄子》，被奉为《南华真经》。

荀子

荀子，名况，字卿，赵国郇邑（今山西安泽）人，生于公元前313年，卒于公元前235年。战国后期著名思想家、教育家。关于荀子的记载很少，而且颇有出入。

荀子是继孔子、孟子以后最大的儒学家。他的思想记载于《荀子》一书，对中国封建社会产生广泛而深远的影响。荀子曾经游历燕、齐、楚、秦赵多国，后客居兰陵至死。在兰陵时，荀子开始教书与写书。先秦历史上有名的韩非和李斯，就是他这时候的学生。在这段时间，他完成代表作——《荀子》。

荀子是儒家之继承人，但没有盲目将儒家学说全盘接收。荀子将儒家学说融会贯通，加以发挥，提出了"性本恶"等学说，对后世影响深远。

诸子百家　2月17日

列子

列子，名寇，又名御蔻。相传是战国前期道家人物，大约生卒于公元前450—前375年，即郑国（今河南新郑）人。

列子尊崇黄帝老子，主张清静无为。他终生致力于道德学问，曾师从关尹子、壶丘子、老商氏、支伯高子等。隐居郑国四十年，不求名利，清静修道。

列子对中国人思想影响甚大。先秦诸子，最达观、最磊落的就是列子。主张循名责实，无为而治。列子活动时期，约于战国早中期间，晚于孔子而早于庄子。

列子聚徒讲学，弟子甚众。一次，列子往谒南郭子时，竟选"弟子四十人同行"。《列子》一书，深刻反映春秋战国社会文化生活的各个方面。《列子》是一部恢宏史诗，形象表现当时的哲学、神话、音乐、军事、文化以及世态民俗等。《列子》保存了神话传说、音乐史、杂技史等先秦史料，数量众多，弥为珍贵。

韩非子

韩非子，约公元前280—前233年，姓韩名非，杰出的思想家、哲学家和散文家，法家代表人物。战国末期韩国（今河南新郑）人，出身贵族，为韩国公子。

韩非口吃，不善言说，而好著书。韩非与李斯为同学，同师从于荀子。韩非见当时韩国势弱，曾数谏韩王，但韩王不听。韩非痛恨治国不修明法治，不实行富国强兵，而重用那些好发空论的人。他观往者得失之变，作《孤愤》《五蠹》《内外储》《说林》《说难》十余万言，成为法家思想集大成者。书传至秦国，秦王读后说："嗟乎！寡人得见此人与之游，死不恨矣。"

韩非著作得到了秦王（后来的秦始皇）称赞。秦国攻韩，韩王委派韩非出使秦国。秦王见到韩非很是喜悦，但未信任。李斯认为，韩非为韩国公子，终为韩而不为秦。因此建议，既然不用，不如诛之，以免后患。秦王以为然，下令诛非。李斯则暗中差人送韩非毒药，使之自杀。韩非怀才而不遇，终为自己同学所杀。

雨水

雨水，是二十四节气中的第二个节气。一般在每年公历2月18日至20日交节。这个时节，天地间气流回升，冰雪融化，降水开始了。

雨水节气后，春回大地，春暖花开，万物生机勃勃。雨量渐渐增多，冻土慢慢融化，农民抓紧越冬作物田间管理，做好选种、施肥等春耕准备工作。田野一派繁忙景象。

在我国一些地区，雨水节气这天，女婿要去看望岳父岳母，表示感恩之意。在川西，这种风俗叫作"回娘屋"。

春夜喜雨

（唐）杜甫

好雨知时节，当春乃发生。
随风潜入夜，润物细无声。
野径云俱黑，江船火独明。
晓看红湿处，花重锦官城。

诸子百家　2月20日

商鞅

商鞅，公元前390—前338年，姓公孙，名鞅，卫国（今河南安阳）人。秦孝公时封于商邑，故名商鞅，号为商君。商鞅为卫国庶出公子，故亦称为卫鞅。

商鞅先事魏相公叔痤为中庶子。公叔痤知道商鞅有才能而未得重用，向魏惠王推荐商鞅。商鞅未被惠王纳用。公叔痤去世后，闻秦孝公下令向各国求贤，于是商鞅转西入秦。

商鞅入秦后，秦孝公前后四次接见他。孝公不喜欢以仁政德治为内容的儒家之道，而信霸道。孝公治国理念与商鞅法家思想相吻合。于是，在秦孝公支持下，商鞅在秦国推行变法运动。商鞅在秦国先后实行两次变法，使秦国很快强盛起来，成为战国时期第一强国。史称"商鞅变法"。

成语故事"立木为信"，说的就是商鞅为变法而重信诺的故事。

鬼谷子

鬼谷子，姓王名诩，约公元前400—约前270年。籍贯不详，据考为春秋卫国（今河南淇县）人。著名谋略家、道家代表人物、兵法集大成者、纵横家的鼻祖，精通百家学问，因隐居云梦山鬼谷，故自称鬼谷先生。

鬼谷子常入山修炼，深谙道法，神妙莫测。"王禅老祖"是后人对鬼谷子的称呼，为老学五派之一。鬼谷子为纵横家之鼻祖，苏秦与张仪是鬼谷子最杰出的两个弟子。有传说，孙膑与庞涓也是鬼谷子的弟子。

鬼谷子主要作品有《鬼谷子》《本经阴符七术》《鬼谷子天髓灵文》等。

孙子

孙武，约公元前545—约前470年，春秋时期齐国（今山东临淄）人，字长卿，著名兵法家。

孙子曾以《兵法》十三篇见吴王阖闾。经伍子胥推荐，被任命为将，率吴军攻破楚国。他认为"兵者，国之大事"，提出"知彼知己，百战不殆"，全面分析敌我、众寡、强弱、虚实、攻守、进退等，深刻认识战争规律，方能克敌制胜。他还提出"兵无常势，水无常形，能因敌变化而取胜，谓之神"，强调战略战术上的"奇正相生"和灵活运用。

孙武著有《孙子兵法》一书，为中国历史上最为杰出的军事著作。时至今日，《孙子兵法》仍为我国及世界各国军事界所重视，成为军事学院的必读教科书。有的地方，甚至将《孙子兵法》当作经商宝典，视"兵道"为"商道"。

扁鹊

扁鹊，约公元前407—前310年。渤海郡郑（今河南新郑）或齐国卢邑（今山东济南）人，也有记载为渤海郡州（今河北任丘）人。"扁鹊"并非真名实姓。而是人们把他和黄帝时的扁鹊相比，称他为"扁鹊先生"。连史书也以扁鹊称呼他。扁鹊，原姓秦氏，名越人。

扁鹊是中国历史上一位著名医学家，也是历史上第一个有正式传记的医学家。著有《内经》和《外经》，发明了四诊法（望、闻、问、切）。扁鹊以实事求是的态度研究医学，吸取民间医疗经验，在医学上取得了很大成就，在百姓中享有很高声望。扁鹊长期在民间行医、走遍齐、赵、卫、郑、秦诸国，有"神医"之称。

公元前310年，秦国太医令李谧因妒其才，派人在崤山设伏，刺杀扁鹊。扁鹊享年97岁。

名人名言

人法地，地法天，
天法道，道法自然。

祸兮，福之所倚；
福兮，祸之所伏。

大方无隅，大器晚成；

大音希声，大象无形。

圣人自知而不自见，自爱不自贵。

——选自老子《道德经》

名人名言　2月25日

名人名言

穷则独善其身，达则兼济天下。

——选自《孟子》

天时不如地利，地利不如人和。

——选自《孟子》

和则一，一则多力，多力则强，强则胜物。

争则乱，乱则离，离则弱，弱则不能胜物。

——选自《荀子》

农夫朴力而寡能，则上不失天时，下不失地利，中得人和而百事不废。

——选自《荀子》

名人名言

子非鱼，安知鱼之乐？

——选自《庄子》

多积财而不得尽用，
其为形也亦外矣。

——选自《庄子》

故九万里，则风斯在下矣。

——选自《庄子》

众人重利，廉士重名，贤士尚志，圣人贵雅。

——选自《庄子》

名人名言

慧者心辩而不繁说，实力而不伐功，以此名誉扬天下。

——选自《墨子》

有力者疾以助人，有财者勉以分人，有道者劝以教人。

——选自《墨子》

善气迎人，亲如兄弟。

——选自《管子》

慎易以避难，敬细以远大。

——选自《韩非子》

新诗欣赏　2月28日

春日漳州

陈燕松

一

才辞除夕回乡酒，又逢元宵到我家。

云霞有意出海曙，春城无处不飞花。

二

漳州正月十五夜，火树银花相映开。

嫦娥应悔偷灵药，欲伴吴刚下凡来。

有话就说　2月29日

有话就说

人生就是艺术，一种广义化的艺术。一个人用生命书写的历史，就是一部真实而生动的艺术史。

此岸，彼岸秋叶静美；

彼岸，此岸春花绚烂。

人生之首要，莫过于时时知道自我的存在，再通过自我的感觉，触摸世界，感知自然。

人生，最需要增长的能力就是学会面对真实。尽管有时认识真实需要付出代价，那也值得。

世上只有一个真理，那就是热爱人生。

——选自陈燕松《品味人生》

每月名画

山水画

"山水"，以描写山川自然景色为主题的绘画。魏晋六朝，作为人物画背景；至隋唐，已有独立山水画制作；五代、北宋益趋成熟，成为中国画中一大画科。

《富春山居图》无用师卷局部（台北故宫博物院藏）

草书

古草、章草、今草（小草）、大草（狂草），约在春秋战国时期萌芽至唐朝成熟。代表性书家有张芝、王羲之、孙过庭、张旭、怀素、黄庭坚、祝枝山等，代表性作品有春秋时代竹书简牍及《急就章》《出师表》《平复帖》《十七帖》《书谱》等。

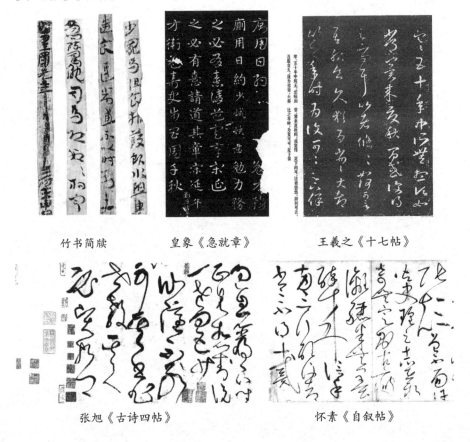

竹书简牍　　皇象《急就章》　　王羲之《十七帖》

张旭《古诗四帖》　　怀素《自叙帖》

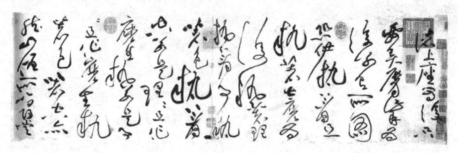

黄庭坚《诸上座草书卷》

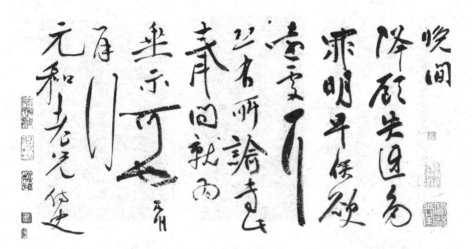

祝允明《致元和手札》

三月

黄鹤楼送孟浩然之广陵

（唐）李白

故人西辞黄鹤楼，烟花三月下扬州。
孤帆远影碧空尽，唯见长江天际流。

三月晦日送春

（唐）贾岛

三月正当三十日，风光别我苦吟身。
共君今夜不须睡，未到晓钟犹是春。

蝶恋花·庭院深深深几许

（北宋）欧阳修

庭院深深深几许，杨柳堆烟，帘幕无重数。
玉勒雕鞍游冶处，楼高不见章台路。
雨横风狂三月暮，门掩黄昏，无计留春住。
泪眼问花花不语，乱红飞过秋千去。

望江南·三月暮

（南宋）吴文英

三月暮，花落更情浓。

人去秋千闲挂月，马停杨柳倦嘶风。

堤畔画船空。

恹恹醉，长日小帘栊。

宿燕夜归银烛外，啼莺声在绿阴中。

无处觅残红。

每月成语　3月3日

三人成虎

战国时，各诸侯国经常相互攻伐。有一年，魏国和赵国签订和好条约，魏王把儿子送到赵国都城邯郸做人质，并派大臣庞葱陪同前去。

庞葱深知魏王容易偏听偏信。行前，他特意对魏王说："如果有一个人报告大王，说大街来了一只老虎，您相信吗？"魏王说："我不相信。"庞葱又问："如果有第二个人说大街有老虎，大王相信吗？"魏王说："两个人都这么说，我就半信半疑了。"庞葱再问："如果第三个人说大街有老虎，大王能相信吗？"魏王说："大家都这么说，我只得相信了。"

庞葱感慨地说："老虎不会跑到大街上，这是众所周知的。可经三人一说，街上老虎就成真了。我想邯郸如此遥远，日后议论我的还不止三个，请大王明察。"

庞葱去了赵国。不出所料，他一走，就有人不断跑到魏王面前诽谤，魏王也就相信了。待太子期满回国，魏王就不再见庞葱了。

由此引出"三人成虎"这个成语。

每月一花　3月4日

桃花

桃花，桃树盛开的花朵，属蔷薇科植物，分果桃和花桃。花语：爱情的俘虏。

传说：

很早以前，有一位勇敢、勤劳的男青年叫洮子，热心助人，深得村民喜爱。有位姑娘叫小美，聪慧美丽，能歌善舞。他们两人相爱了。小美是玉帝的花仙子，将会飞天升仙。她深爱洮子，怕自己离去会打乱洮子生活，刺伤洮子的心。于是，她决定疏离洮子。洮子非常痛苦。

有一天，他们掏出各自的心，互相求证，相依而死。村民们将他俩合葬在一起。当晚雷声大作。雨停了，村民们看到他俩的墓地长出一棵小树，树上开满粉红花朵。原来，洮子变成桃树，小美化作桃花。从此，人们总用桃花象征爱情。

古诗中的桃花：

题都城南庄

（唐）崔护

去年今日此门中，人面桃花相映红。

人面不知何处去，桃花依旧笑春风。

惊蛰

惊蛰，是二十四节气中的第三个节气。一般在每年公历3月5日至6日交节。惊蛰最早叫"启蛰"，汉景帝刘启在位时，出于避讳就改名叫"惊蛰"。

惊蛰时节，天气回暖，春雷始鸣。《月令七十二候集解》中说："二月节，万物出乎震，震为雷，故曰惊蛰，是蛰虫惊而出走矣。"

惊蛰时，桃花红，梨花白，莺叫燕飞，处处春光无限。"春雷响，万物长"，这个时节也要勤于农事。古谚说："要得菜籽收，就要勤理沟。"说的就是这个道理。

观田家

（唐）韦应物

微雨众卉新，一雷惊蛰始。

田家几日闲，耕种从此起。

丁壮俱在野，场圃亦就理。

归来景常晏，饮犊西涧水。

饥劬不自苦，膏泽且为喜。

仓廪无宿储，徭役犹未已。

方惭不耕者，禄食出闾里。

鲳鱼

中文学名：中国鲳

地方名：白鲳

分类地位：硬骨鱼纲，鲈形目，鲳科，鲳属

形态特征：

1、体型：体近菱形，侧扁而高，尾柄短。

2、体色：体背侧暗灰色，腹部浅色，各鳍灰褐色。

生活习性：近海暖温性中下层鱼类。喜食底栖动物。

经济价值：为经济鱼类。

制作细巧·苏菜

先秦时期，吴地已有菜肴记载，这是苏菜的起源。一千多年前，鸭成为金陵的美食。南宋时，苏菜是"南食"两大台柱之一。

苏菜分为金陵风味、淮扬风味、苏锡风味和徐海风味。

代表名菜有盐水鸭、红烧狮子头、四喜丸子等。

传说：叫化鸡

"叫化鸡"又称作"常熟叫化鸡""黄泥煨鸡"，是江苏常熟名菜。清初，常熟有一叫化子，偶得一鸡，苦无炊具调料，便将鸡宰杀去除内脏，带毛涂上泥巴，入火中煨烤，待泥干，鸡毛随壳而脱，香气四溢。正好，隐居大学士钱牧斋路过，闻到香味品尝，觉得味道独特。回家，稍加调味如法炮制，鲜美无比。

名菜谱·金陵盐水鸭

原料：净鸭 650 克，大葱段 25 克，花椒、八角、葱结、姜片各适量。

调料：盐 20 克，花椒粉适量。

历史人物　3月8日

尧舜

尧，中国上古部落联盟首领。姓伊祁，名放勋，"尧"是他的谥号。

尧生于丹陵，养在母亲家——伊侯之国，后来迁于祁地，所以称尧为伊祁氏，尧以伊祁为姓。因封于唐，故称"唐尧"，由于他德高望重，人民倾心于尧。他命羲氏、和氏测定推求历法，制定四时成岁，为百姓颁授农耕时令，测定出了春分、夏至、秋分、冬至。

尧年老时，由四岳十二牧推举部落联盟军事首长继承人，大家一致推荐了舜。尧对他进行长期考察，认为舜是品德好又能干的人，最后才放心禅让于舜，史称"尧舜禅让"。尧帝开创了帝王禅让之先河。

舜是中国上古部落联盟首领，姓姚，传说目有双瞳而取名"重华"，号有虞氏，故称虞舜。去世后，禅位于禹。

历史人物　3月9日

大禹

大禹，姒姓夏后氏，名文命，字高密，号禹，后世尊称大禹，夏后氏首领，传说为帝颛顼的曾孙、黄帝轩辕氏第六代玄孙。相传禹治黄河水患有功，受舜禅让继承帝位。

禹成功治理洪水，世人便把他敬为神人，尊为"大禹""神禹"，将他与天地相齐名，所谓天大、地大、禹大。当时人们甚至把整个中国叫"禹域"，意为大禹的天下，从而"大禹开九州，通九道，陂九泽，度九山"，成为无所不能的天神。

禹被天下诸侯拥戴即天子位，国号夏后，成为夏朝第一位天子，后人称他为夏禹。据史书记载，禹传位于子启，改变了原始部落禅让制，开创中国近四千年世袭先河。

夏朝（约前2070—前1600年）是中国史书记载的第一个世袭制朝代。夏朝共传十四代、十七后（夏统治者在位时称"后"，去世后称"帝"），延续约470年，为商所灭。后人常以"华夏"自称，成为中国的代名词。

历史人物　3月10日

周文王

周文王，姬昌（前1152—前1056年），岐周（今陕西岐山）人。周朝奠基者，周太王之孙，季历之子。中国历史上的一代明君。

其父死后，继承西伯侯之位，故称西伯昌。在位42年后，正式称王，史称周文王。在位期间，明德慎罚，勤于政事，重视农业生产。礼贤下士，广罗人才，拜姜尚为军师，制定军国大计，收服虞国和芮国，攻灭黎国（今山西长治）、邗国（今河南沁阳）等国，使天下三分，其二归周。建都丰京（今陕西西安），为武王伐纣灭商奠定基础；演绎《周易》，得到后世儒家所推崇，孔子称为"三代之英"。

周文王五十年（前1056），葬于毕原（西周王陵位于今陕西岐山县凤凰山南麓）。公元前1046年，嫡次子周武王姬发灭商建周，追谥姬昌为文王。

秦始皇

秦始皇（前259—前210年），姓嬴，名政，又名赵政、秦政，历史上著名的政治家、战略家、改革家，完成华夏一统的政治人物，也是中国第一个皇帝。

秦始皇出生于赵国都城邯郸（今河北邯郸）。13岁时回国即王位，22岁时"亲理朝政"。自公元前230年至公元前221年，先后灭韩、赵、魏、楚、燕、齐六国，完成统一大业，建立中央集权国家——秦朝，并奠定中国本土疆域。

秦始皇采用三皇之"皇"、五帝之"帝"构成"皇帝"称号，自称"始皇帝"。在中央，实行三公九卿，管理国家大事；在地方，废除分封制，代以郡县制；同时书同文，车同轨，统一度量衡。对外北击匈奴，南征百越，修筑万里长城。并修筑灵渠，沟通水系。

秦始皇是中国历史上第一个大一统王朝——秦王朝的开国皇帝，对中国和世界历史产生深远影响。他把中国推向大一统时代，奠定中国两千余年政治制度基本格局，被明代思想家李贽誉为"千古一帝"。

汉武帝

刘彻（前156—前87年），即汉武帝，西汉第七位皇帝（含前后少帝），政治家、文学家。

汉武帝励精图治，在位期间功勋显赫。在政治上，创设中外朝制、刺史制、察举制，颁行推恩令，加强中央集权。在经济上，推行平准、均输、算缗、告缗等措施，铸五铢钱，官府垄断盐、铁、酒经营，平抑富商大贾势力。在文化上，"罢黜百家，独尊儒术"，并设立太学。对外，汉武帝采取扩张政策，除与匈奴长年交战外，还破闽越、南越、卫氏朝鲜、大宛，又凿通西域、开丝绸之路。还有创设年号、颁布太初历等。

汉武帝把儒家学说作为封建正统思想，大力推行儒学教育，提倡儒法结合，实行"儒表法里"。汉武帝在独尊儒术时，又"悉延（引）百端之学"，形成以儒家为统治思想又兼用百家的格局。汉武帝文治武功，奠定了汉朝强盛局面，成为中国封建王朝第一个发展高峰。

历史人物　3月13日

唐太宗

李世民（598—649年），陇西成纪（今甘肃秦安）人。唐朝第二位皇帝（626—649年），杰出的政治家、战略家、军事家。

李世民生于武功别馆（今陕西武功），少年从军，擅长骑射，曾往雁门关解救隋炀帝。首倡晋阳起兵，善于用兵。进入长安后，拜为尚书令、右武候大将军，封为秦国公。唐朝建立后，官至天策上将、司徒，封为秦王。平定薛仁杲、刘武周、窦建德、王世充等割据势力，为唐朝建立赫赫战功。当秦王时，设立文学馆，笼络人才。

武德九年（626），李世民发动"玄武门之变"，被册立为太子。唐高祖李渊退位后，正式即位，年号贞观。

李世民登基后，虚心纳谏，听取各方意见。对内文治天下，劝课农桑，厉行节约，实现国泰民安，开创"贞观之治"。对外开疆拓土，攻灭东突厥，征服高昌、龟兹、吐谷浑，重创高句丽，设立安西四镇，让各民族融洽相处，和平发展。

李世民"贞观之治"，开创唐朝盛世，成为历史佳话。

历史人物　3月14日

成吉思汗

成吉思汗（1162—1227年），蒙古族乞颜部人。大蒙古国可汗，世界史上杰出的政治家、军事家。

绍兴三十二年（1162），生于漠北斡难河上游地区（今蒙古国肯特省）。淳熙十一年（1184）前后，成为蒙古乞颜部可汗，一步步统一蒙古诸部。开禧二年（1206），建立大蒙古国，尊号"成吉思汗"，颁布了《成吉思汗法典》。多次发动对外扩张，征服西达中亚、东欧的黑海海滨地区。

蒙古帝国形成于13世纪初，后成为横跨欧亚大陆的大帝国，为元朝与四大汗国的联合体。1294年，蒙古帝国国土达3000万平方公里左右，约占当时世界土地面积的22%，版图内人口达1亿多人。

历史人物　3月15日

晏婴使楚

春秋时期，齐国有一个相国，叫晏婴。他个子不高，长相也稍差些。晏婴有才学，有气度，齐王很是信任他。

有一次，齐王派他出使楚国。那时两国比较，楚国比齐国还强些。楚王瞧不起晏婴，也想试试齐国使者，特地叫人在城墙下开了一个小小的门，想让晏婴进。晏婴知道楚人想羞辱他，便说："这是狗门，不是国门。如果我访问的是狗国，那我就从这个门进去。"楚人一听，只好打开城门，请晏婴进去。

楚王见到晏婴，一脸不屑，问："齐国怎么派你来了？"

晏婴坦然回答："我国派人出访，讲个规矩。上等国家，便派上等人物。我不中用，就到楚国来了。"

楚王一听，对他肃然起敬，忙起身道歉。

晏婴使楚，不畏强势，讲的是心勇、智勇。两国相交，讲求尊重、平等。晏婴作为使者，尽到了捍卫国家尊严的职责。

这个故事告诉我们，平等相待，既是人与人之间应当奉行的道德，也是国与国之间应当遵守的规则。

历史人物　3月16日

文王与太公

周文王问姜太公："君王如何使百姓幸福？怎样做才能为百姓所爱戴？"

太公答："治国要务，首先在于爱民。"

文王又问："怎样才能爱民呢？"

太公又答："使百姓获得利益，不损害百姓利益；帮助他们生产，不要去破坏；让百姓安居乐业，别让他们困苦不堪；让百姓喜悦，别让他们愤怒、怨恨。"

文王再问："君王如何立政？"

太公再答："君王临朝处事，要宁静而安详，温和而有节度，不可心浮气躁、刚愎自用。多听别人意见，不要独断专行。待人接物，要公正持平，不可徇私。"

名人名言　3月17日

名人名言

季康子问政于孔子。孔子对曰："政者，正也。子帅以正，孰敢不正？"

——选自《论语·颜渊》

子曰："其身正，不令而行；其身不正，虽令不从。"

——选自《论语·子路》

乐民之乐者，民亦乐其乐；忧民之忧者，民亦忧其忧。

——选自《孟子·梁惠王下》

爱人者人恒爱之，敬人者人恒敬之。

——选自《孟子》

名人名言　3月18日

名人名言

政之所兴，在顺民心。政之所废，在逆民心。

——选自《管子》

德莫高于爱民，行莫贱于害民。

——选自《晏子春秋》

治政之要在于安民，安民之道在于察其疾苦。

——选自张居正《请蠲积逋以安民生疏》

安得广厦千万间，大庇天下寒士俱欢颜。

——选自杜甫《茅屋为秋风所破歌》

名人名言　3月19日

名人名言

去民之患，如除腹心之疾。

——苏辙《上皇帝书》

利民之事，丝发必兴；厉民之事，毫末必去。

——万斯大《周官辨非·天宦》

良知：一种细微、平静的声音，它让少数人坦白。仁者必有勇，诛暴必用武。

须有自信之能力，当从自己良心认定是非，不可以众人之是非为从违。

——选自《章太炎全集》

春分

春分，是二十四节气的第四个节气。一般于公历3月20日至3月21日交节。这个时节，风和日丽，鸟语花香。

"二月惊蛰又春分，种树施肥耕地深"。春分时节，正是耕种的好时节。农家抓紧时间春耕、春种，播下希望的种子。农谚云："春分麦起身，一刻值千金。"

春分也是祭祀的日子，帝王祭日，春社祭神，百姓祭祖。北京日坛（朝日坛），就是因为祭日而修建的，其建筑保留至今。

村居

（清）高鼎

草长莺飞二月天，拂堤杨柳醉春烟。

儿童散学归来早，忙趁东风放纸鸢。

岳阳楼记（节录）

（北宋）范仲淹

……

不以物喜，不以己悲；居庙堂之高则忧其民；处江湖之远则忧其君。是进亦忧，退亦忧。然则何时而乐耶？其必曰："先天下之忧而忧，后天下之乐而乐"乎。

咏煤炭

（明）于谦

凿开混沌得乌金，蓄藏阳和意最深。
爝火燃回春浩浩，洪炉照破夜沉沉。
鼎彝元赖生成力，铁石犹存死后心。
但愿苍生俱饱暖，不辞辛苦出山林。

潍县署中画竹呈年伯包大丞括

（清）郑燮

衙斋卧听萧萧竹，疑是民间疾苦声。
些小吾曹州县吏，一枝一叶总关情。

警语轴

（清）林则徐

念非善莫举，人非善莫与；
事非见莫说，物非义莫取。
健时作病时想，可以保身；
裕时作乏时想，可以守家。

有话就说　3月24日

有话就说

有理想的人，才是高尚的人。这种高尚，在于它懂得生活的意义，懂得为追求某一目标敢于承担责任，乃至献身。

理想是茫茫夜幕中闪烁在心底的灯。

当然，伟人的理想富有号召力。不过，伟人们应当设法让理想生动起来、平实起来，并化为平凡者均匀行进的脚步。

——选自陈燕松《品味人生》

有话就说　3月25日

有话就说

有的人理想远大而且壮丽，有的理想则平凡得几近卑微。不管怎样，能够鼓舞人们为明天好好活着的任何理想，都是好的理想。

就让理想领着我们上路吧。通过坦途，也通过雷区。

我的父亲是一个典型的农民。我曾问他，什么是理想？他对我笑笑，说，就是，就是我、我们一家子，还有很多的人生活得好些。

——选自陈燕松《品味人生》

人生感怀（三首）

陈燕松

一

绿柳轻摇千水春，丹枫重染万山秋。

荷塘夏蝉声渐远，雪岚冬梅香自幽。

二

俯身遇水随流去，仰首逢云任自由。

明月年年照空山，人生何处不悠悠？

三

百年人生数重烟，万卷诗书一炷香。

坐石观云望天宇，追星赶月弄华篇。

满目青山且作伴（诗三首）

陈燕松

一

年岁那知世事艰？春风最解关山难。

但使人间豪气在，犹有明月照我还。

二

漫道昨日宛如风，却说今朝别样红。

满目青山且作伴，心随流水自向东。

三

往来历史皆读遍，满纸响声带吴钩。

人生自古搏一笑，敢有壮丽动神州？

读史随想

陈燕松

一

大禹有德治水始，夏皇无道传位时。

战国七分秦一统，城头变幻大王旗。

二

秋风只为英雄舞，乌江不渡红颜苦。

君王虽然姓刘汉，旌旗列列皆是楚。

三

清宫专制九州哀，列强暴乱八夷来。

民族旗帜高举起，扫荡阴霾新宇开。

春日即景

陈燕松

一

好雨弄春色，绿柳摇橹声。

江南第一燕，飞入漳州城。

二

浮云走空碧，新风吹袖轻。

群鹊呼日出，四海唱升平。

春最好

陈燕松

一

今年家乡春最好，青山绿水人未老。

故旧把酒话桑麻，半生岁月嫌话少。

二

邻家童稚夸新衣，半村青壮弄灯谜。

一碗汤丸才捧出，低眉浅目唤老妻。

农家行

陈燕松

莫笑农家痴，丰年酿酒浑。

故友三月邀我去，热汤鸡，香焖豚。

碎语闲言，简朴衣冠古风存。

弯弯流水门前过，岭上多白云。

有小童踢踏，青年吹笛，最喜老媪弄孙。

疑是桃花源里，人却在，闽南山村。

农家诗趣：

山家

（唐）张继

板桥人渡泉声，茅檐日午鸡鸣。

莫嗔焙茶烟暗，却喜晒谷天晴。

每月名画

花鸟画

　　我国传统绘画画科之一。以描绘花卉、竹石、鸟兽、虫鱼等为主体。四千年以前陶器出现的简单鱼鸟图案，可看作最早的花鸟画。唐代张彦远《历代名画记》记载，东晋和南朝时，画在绢帛上的花画已形成独立画科。

五代、两宋间，这一画科更趋成熟。

（唐）韩滉《五牛图》

孤雁图

写意中国画中属于放纵一类的画法。通过简练笔墨，写出物象形神，表达作者意境。写意画代表作有八大山人的《孤雁》等。

（清）八大山人孤雁图

牡丹图

工笔，中国画中属工整细致的画法，与"写意"对称。工笔画代表作有唐代边鸾的《牡丹图》等。

（唐）边鸾《牡丹图》

隶书

古隶、东汉隶书，主要有刻石和简牍，约战国后期萌芽，至东汉成熟。代表性作品有秦简、楚简、汉简及《五凤刻石》《张迁碑》《曹全碑》《礼器碑》等，书家有郑簠、金农、邓石如、伊秉绶、赵之谦等。

云梦睡虎地秦简　　　　信阳楚简　　　　　　居延汉简

五凤刻石　　　　　　　西狭颂　　　　　　　张迁碑

四月

大林寺桃花

（唐）白居易

人间四月芳菲尽，山寺桃花始盛开。

长恨春归无觅处，不知转入此中来。

乡村四月

（南宋）翁卷

绿遍山原白满川，子规声里雨如烟。

乡村四月闲人少，才了蚕桑又插田。

白苎词

（明）孙一元

江上睡鸭烟草肥，江南白苎催换衣。

雨声四月不知暑，过尽樱桃人未归。

四月

（南宋）陆游

四月江南暑尚微，虚堂初换葛衣时。

懒陪陌上雍容骑，且对窗间腼腆棋。

糁径落花犹片片，拂云新竹已离离。

年来病肺疏杯酌，应接风光赖有诗。

渔家傲·四月芳林何悄悄

（北宋）欧阳修

四月芳林何悄悄，绿阴满地青梅小。

南陌采桑何窈窕，争语笑。

乱丝满腹吴蚕老。

宿酒半醒新睡觉，皱莺相语匆匆晓。

惹得此情萦寸抱，休临眺。

楼头一望皆芳草。

寒食节

寒食节是旧俗中的一个节日，在清明节前一天（一种说法是清明前两天，现大多清明、寒食一起过）。寒食节历史悠久，习俗有寒食、禁火、祭祖。寒食节源于古代改火旧习。

传说：

春秋时，晋国公子重耳（晋文公）回国即位，封赏随其逃亡的臣子，唯独漏掉了介子推。晋文公一知差漏，马上欲加封赏。寻至绵山，却找不到他，便想烧山逼他出来。介子推不愿当官，坚持不出，结果被烧死。为了纪念介子推，晋文公将绵山改为"介山"，立祠祭祀介子推，并把烧山这一天定为寒食节，全国禁动烟火，只吃冷食。

古诗中的寒食节：

寒食

（唐）韩翃

春城无处不飞花，寒食东风御柳斜。

日暮汉宫传蜡烛，轻烟散入五侯家。

每月节日 4月4日

清明节

清明节，为清明节气当日，公历4月5日前后。清明节是中国传统节日，是扫墓祭祖的日子。每年这个时候，春光明媚、草木吐绿，正是人们春游（古代叫踏青）的好时节。清明节名称与天气物候特点有关。西汉《淮南子·天文训》说："春分后十五日，斗指乙，则清明风至。"

传说：

清明是中华民族古老的节日。它将节气日与民俗节日融为一体，天时与人时合一，充分体现"天人合一"的传统观念。清明节盛行于我国南方沿海一带，清明扫墓亦称"拜山"。大地呈现春和景明之象，扫墓祭祖、踏青郊游是过节的主题。据《礼记·王制》所载，祭祖聚宴源自"春礿"礼俗，自古有之，至今不辍。

古诗中的清明节：

清明

（唐）杜牧

清明时节雨纷纷，路上行人欲断魂。

借问酒家何处有？牧童遥指杏花村。

每月节气　4月5日

清明

清明，是二十四节气中的第五个节气。一般于公历4月5日前后交节。清明时节，"万物生长此时，皆清洁而明净"。在二十四个节气中，只有清明既是节气又是节日。

清明，既是远足踏青、维护新生的春季仪式，也是祭奠祖先、敦亲睦族的宗教仪式。在我国传统文化里，人们会在清明节这天祭奠先人、追思故人、郊游踏青、相约春天。

清明的诗

陈燕松

一

四月行人泪，人间清明天。

遥遥思先人，昨夜已无眠。

二

先人轻风去，暗夜低泪垂。

远山孤月冷，岂有暖烟飞？

每月成语 4月6日

四面楚歌

公元前202年，楚汉相争，刘邦大将韩信率汉军将项羽军队围困在垓下。此时，项羽楚军兵微将寡，无法突围，只好吩咐将士小心防守。

这天夜里，虞姬看见项羽闷闷不乐，便走到他身边，陪他喝酒解闷。这时，只听得一阵阵西风呼呼直响，风声里还夹着歌声。项羽仔细一听，发现歌声是由汉营里传出来的，唱的全是楚国歌曲。四面传来的楚歌，让楚国将士以为刘邦已经占领了楚地。于是，楚兵士气涣散，四处逃亡。

项羽眼见大势已去，便连夜率领八百精兵向南突围，被逼至乌江边上。有人劝项羽渡江，回到故土楚国，再图发展，以东山再起。项羽深感无颜再见江东父老，连呼三声，拔剑自刎。

四面楚歌，让项羽军心涣散，自刎乌江。后人就用"四面楚歌"，形容人遭受各方攻击陷于孤立窘迫的境地。

由此引出"四面楚歌"这个成语。

牡丹花

牡丹是毛茛科、芍药属植物，为多年生落叶灌木。

牡丹富丽堂皇，素称"花中之王"，以黄、绿、深红、银红为上品。花大而香，故称"国色天香"。清末，牡丹曾被当作中国国花。1985 年 5 月，被评为中国十大名花。

传说：

在一个大雪飘舞的日子，武则天在长安游后苑时，曾命百花同时开放。百花慑于权势，皆违时开放，唯牡丹仍干枝枯叶，傲然挺立。武后大怒，便把牡丹贬至洛阳。牡丹一到洛阳，立即昂首怒放，花繁色艳。武后下令火烧牡丹。不料，牡丹经火一烧，反而红若烟云，十分壮观。牡丹不畏权势、英勇不屈，成为千古佳话。

古诗中的牡丹花：

赏牡丹

（唐）刘禹锡

庭前芍药妖无格，池上芙蕖净少情。
唯有牡丹真国色，花开时节动京城。

马鲛

中文学名：蓝点马鲛

地方名：马加、马鲛

分类地位：硬骨鱼纲，鲈形目，鲅科，马鲛属

形态特征：

1、体型：体延长，纺锤形，稍侧扁，背缘浅弧形。

2、体色：体背侧蓝黑色，腹部银灰色，背鳍黑色。

生活习性：近海暖水性鱼类，喜食小型鱼类和甲壳类。

经济价值：为经济鱼类。鲜销、腌制或制罐头。鱼肝可制鱼肝油。

原料广博·粤菜

广东一带，地广人稀，古时被称作"南蛮之地"。其后，中原人将中原文化带入，与当地融合。一百多年前，受鸦片战争带来的新文化冲击，粤菜兼容并蓄，焕发新的生机。民国时期，粤菜发展成熟，成为今天广式饮食的基础。

粤菜分为广州菜、潮州菜和东江菜。

代表名菜有白切鸡、梅菜扣肉、脆皮乳鸽等。

传说：白切鸡

白切鸡又名"白斩鸡"，是一道原汁原味、皮爽肉滑、清淡鲜美、色香味俱全的粤式名菜。

从前，有一个读书人，乐善好施。一年中秋，他和妻子正在烹煮母鸡。忽闻有人喊救火，两人忙赶去。待回家时，灶火已熄，锅水微温，鸡被烫熟。原来，妻子走得匆忙，忘放佐料，盖上锅盖。于是，将其白斩来吃，竟是美食。

名菜谱·湛江白切鸡

原料：湛江鸡1500克，沙姜20克，生姜片10克，葱5克。

调料：盐、鸡粉、白糖、味精、香油、料酒、花生油各适量。

文化名人　4月10日

建安七子·孔融

孔融（153—208），字文举。鲁国（今山东曲阜）人。东汉末年文学家，"建安七子"之一。孔子的第19世孙。

孔融少有异才，三岁便有"孔融让梨"的故事。他勤奋好学，与平原陶丘洪、陈留边让并称俊秀。汉献帝即位后，任北军中侯、虎贲中郎将、北海相，时称孔北海。在任六年，修城邑，立学校，举贤才，表儒术。因政绩颇丰，经刘备表荐兼领青州刺史。建安元年（196），袁谭攻北海，孔融与其激战数月，最终败逃山东。不久，被朝廷征为将作大匠，迁少府，又任太中大夫。性好宾客，喜抨议时政，言辞激烈，后因触怒曹操而为其所杀。

孔融能诗善文，曹丕称其文"扬（扬雄）、班（班固）俦也。"散文锋利简洁，代表作是《荐祢衡表》。其六言诗，反映了汉末动乱的现实。原有文集已散佚，明人张溥辑有《孔北海集》。

建安七子·陈琳

陈琳（？—217），字孔璋，广陵射阳人。东汉末年著名文学家，"建安七子"之一。生年无确考，唯知在"建安七子"中比较年长，约与孔融相当。

汉灵帝末年，任大将军何进主簿。何进为诛宦官而召四方边将入京城洛阳，陈琳曾谏阻，但何进不纳。后何进于事败被杀。董卓残暴无道，肆恶洛阳，陈琳遂避难至冀州，入袁绍幕府。袁绍讨伐曹操，曾为袁拟讨伐檄文，名动两军。袁绍失败后，陈琳为曹军俘获。曹操爱其才而不咎，署为司空军师祭酒，使与阮瑀同管记室。后又徙为丞相门下督。建安二十二年（217），与刘桢、应场、徐干等同染疫疾而亡。

陈琳著作，据《隋书·经籍志》载原有集 10 卷，已佚。明代张溥辑有《陈记室集》，收入《汉魏六朝百三家集》中。

建安七子·王粲

王粲（177—217），字仲宣。山阳郡高平县（今山东微山）人。东汉末年文学家，"建安七子"之一。

王粲自少即有才名，为学者蔡邕所赏识，有蔡"倒履出迎"之说。初平二年（192），因关中骚乱，前往荆州投靠刘表，客居荆州十余年，有志不伸，心怀郁郁。建安十三年（208），曹操南征荆州。不久，刘表病逝，其子刘琮举州投降，王粲也归曹操，深得曹氏父子信赖，赐爵关内侯。建安十八年（213），王粲任侍中。建安二十二年（216），王粲随曹操南征孙权，于北还途中病逝，终年41岁。

王粲善文，其诗赋为建安七子之冠，与曹植并称"曹王"。著《英雄记》；《三国志》记王粲著诗、赋、论、议近60篇；《隋书·经籍志》著录有文集十一卷。明人张溥辑有《王侍中集》。

文化名人　4月13日

建安七子·徐干

徐干（170—217），字伟长，北海郡（今山东昌乐）人。汉魏间文学家，"建安七子"之一。

徐干少年勤学，潜心典籍。汉灵帝末，世族子弟结党权门，竞相追逐荣名。徐干闭门自守，穷处陋巷，不随流俗。建安初，曹操召授司空军师祭酒掾属，又转五官将文学。数年后，因病辞职，曹操特加旌命表彰。后又授以上艾长，也因病不就。建安二十二年（217）二月，瘟疫流行，徐干亦染疾而亡。

徐干作品，《隋书·经籍志》著录有集5卷，已佚。明代杨德周辑、清代陈朝辅增《徐伟长集》6卷，收入《汇刻建安七子集》中。《中论》2卷，《四部丛刊》有影印明嘉靖乙丑青州刊本。

建安七子·阮瑀

阮瑀（约165—212），字元瑜。陈留尉氏（今属河南开封）人，东汉文学家，"建安七子"之一。阮瑀的儿子阮籍位列"竹林七贤"之一。

阮瑀年轻时曾受学于蔡邕，蔡邕称他"奇才"。曹操征之为官。当时军国书檄文字，多为阮瑀与陈琳所拟。后徙为丞相仓曹掾属。

阮瑀非但章表书记出色，诗歌亦有文名，语言朴素，多能反映民众底层的社会问题。诗有《驾出北郭门行》，描写孤儿受后母虐待的苦难遭遇。阮瑀音乐修养颇高，妙于音律。明人辑有《阮元瑜集》。

建安七子·应玚

应玚（177—217），字德琏，东汉南顿县（今河南项城）人，东汉末文学家，"建安七子"之一。擅长作赋，有文赋数十篇，代表性诗作《侍五官中郎将建章台集诗》。

应玚父名应珣，官至司空掾（掾为古属官之通称）。玚初被魏王曹操任命为丞相掾属，后转为平原侯庶子。曹丕任五官中郎将时，应玚为将军府文学（掌校典籍、侍奉文章）。

应玚擅长作赋，著文赋数十篇，诗歌亦见长。应玚处于汉、魏战乱时期，对人民的灾难深感同情。他的《灵河赋》《愍骥赋》《征赋》和《公宴赋》等作品，辞情慷慨，深刻反映汉末社会动乱和人民流离痛苦，体现他企盼国家统一的愿望。其传世之作不多，原有集，今散佚。明人辑有《应德琏集》。

建安七子·刘桢

刘桢（约180—217），字公干，东汉末年东平宁阳（今山东宁阳）人，东汉名士、诗人，"建安七子"之一。

东汉建安年间，刘桢被曹操召为丞相掾属，与魏文帝兄弟几人颇相友善。因在曹丕席上平视曹丕妻甄氏，以不敬之罪服劳役。后又免罪署为小吏。

刘桢的文学成就主要表现为诗歌，特别是五言诗创作，负有盛名。后人以其与曹植并举，称为"曹刘"。如今存诗15首，风格遒劲，语言质朴，重名于世。《赠从弟》3首为其代表作，言简意明，平易通俗，长于比喻。

建安二十二年（217），刘桢与陈琳、徐干、应场等同染疾疫而亡。曹丕极为悲惋，为他整理遗文，追思往日亲密交往，"行则连舆，止则接席"，"酒酣耳热，仰而赋诗"，不胜痛悼（见《与吴质书》）。

《隋书·经籍志》4卷，《毛诗义问》10卷，皆已佚。明代张溥辑有《刘公干集》，收入《汉魏六朝百三家集》。

竹林七贤·嵇康

嵇康（223—262），字叔夜。谯国至（今安徽宿州）人。三国魏著名思想家、文学家、音乐家。为"竹林七贤"之一。

嵇康的朋友山涛（巨源）投靠司马氏当了吏部尚书，曾劝其做官。他写了《与山巨源绝交书》，加以拒绝。因"非汤武而薄周孔"，且不满当政司马集团，遭钟会诬陷，为司马昭所杀。

嵇康"托好老庄"，排斥"六经"，强调名教与自然对立，主张决破礼法束缚。他认为，"元气陶铄，众生禀焉"（《明胆论》），肯定万物都是禀受元气而生，提出"越名教而任自然"之说。

嵇康自幼聪明好学，才思敏捷。《与山巨源绝交书》《难自然好学论》等皆为代表作。诗长于四言，风度清峻，《幽愤诗》《赠秀才入军》较有名。所撰《声无哀乐论》，否定当时礼乐教化思想。善鼓琴，以弹《广陵散》著名，并曾作《琴赋》。

文化名人　4月18日

竹林七贤·阮籍

阮籍（210—263），字嗣宗。陈留尉氏（今属河南开封）人。三国魏诗人，是"建安七子"之一阮瑀的儿子。因官至步兵校尉，又称"阮步兵"。

阮籍素有济世之志。正始十年（249），曹爽被诛，司马氏任阮籍为从事中郎。阮籍看出司马集团伪善阴险，既不愿屈服权势，又畏惧政治斗争残酷，于是纵酒寻乐以避世。司马氏采取容忍态度，对他放浪佯狂、违背礼法的行为，均不加追究，最后得以终其天年。

阮籍是"正始之音"的代表，其中以《咏怀》82首最为著名。阮籍透过不同写作技巧，如比兴、象征、寄托，借古讽今，寄寓情怀，形成一种"悲愤哀怨，隐晦曲折"的诗风。除诗歌之外，阮籍还长于散文和辞赋。今存散文9篇，其中最长及最有代表性的是《大人先生传》。

谷雨

谷雨，是二十四节气中的第六个节气，也是春季的最后一个节气。一般在每年公历 4 月 19—21 日交节。谷雨来自"雨生百谷"的谚语，这个节气，是播种移苗、种瓜点豆的最佳时节。

谷雨时节的茶叫"雨前茶"，它和"明前茶"一样，是茶中珍品。雨前绿芽，泡起来舒身展体，鲜活如枝头再生，春光盈眼，茶香浓郁。一喝此茶，尘世浮躁功名尽皆散去。

中国茶叶学会等有关部门，倡议将每年农历"谷雨"这一天作为"全民饮茶日"。

谷雨经典谚语：

1. 谷雨前后，种瓜点豆。
2. 清明要晴，谷雨要淋。
3. 谷雨天，忙种烟。
4. 谷雨前，好种棉。

竹林七贤·山涛

山涛（205—283），字巨源。河内郡怀县（今河南武陟西）人。三国至西晋时期名士、政治家，"竹林七贤"之一。

山涛早年孤贫，喜好老庄学说，与嵇康、阮籍等交游。四十岁时，任郡主簿。大将军司马师执政时，山涛被举为秀才，累迁尚书吏部郎。西晋建立后，升任大鸿胪。历任侍中、吏部尚书、太子少傅、左仆射等职，封新沓伯。他每选用官吏，皆先秉承晋武帝意旨，且亲作评论，时人称为"山公启事"。曾多次以老病辞官，皆不准。太康三年（282），升为司徒，以老病归家。次年去世，谥号"康"。

山涛有文集十卷，已亡佚，今有辑本。袁宏在《名士传》中称山涛等七人为"竹林名士"。山涛前后选举百官，都能选贤用能。在武帝下诏罢除天下兵役时，他认为不应该废除州郡武备。后来天下混乱，州郡无力镇压，果如其所言。

文化名人　4月21日

竹林七贤·向秀

向秀（约227—272），字子期，河内郡怀县（今河南武陟西）人。魏晋间文学家。"竹林七贤"之一。

向秀少年颖慧，与嵇康等友善。向秀本隐居不出，景元四年（263），嵇康被害后，受司马氏高压，他不得不应征到洛阳。任散骑侍郎，又转黄门散骑常侍。写《思旧赋》。

向秀好老庄之学。当时《庄子》一书虽颇流传，但旧注"莫能究其旨统"。于是，向秀作《庄子隐解》，解释玄理，影响甚大，对玄学盛行起了推动作用。但向秀未注完《秋水》《至乐》。稍后，郭象在《庄子隐解》基础上补完《秋水》《至乐》注释，又加发挥，成为今日所见的《庄子注》。

竹林七贤·刘伶

　　刘伶（约221—300），字伯伦，沛国（今安徽宿县）人，三国至西晋时期名士，"竹林七贤"之一。

　　刘伶嗜酒不羁，被称为"醉侯"。好老庄之学，追求自由逍遥，无为而治。曾在建威将军王戎幕府下任参军。晋武帝始初，召对策问，强调无为而治，遂被黜免。他反对司马氏黑暗统治和虚伪礼教。为避免政治迫害，遂嗜酒佯狂，任性放浪。一次，有客来访，他不穿衣服。客责问他，他说："我以天地为宅舍，以屋室为衣裤，你们为何入我裤中？"他这种放荡不羁的行为，表现出对名教礼法的否定。

　　刘伶现今存世的作品只有《酒德颂》和《北芒客舍》。其作品生动反映魏晋名士崇尚玄虚、消极颓废的心态，也表现出对"名教礼法"的蔑视及对自然的向往。后世将刘伶作为蔑视礼法、纵酒避世的典型。

竹林七贤·王戎

　　王戎（234—305），字濬冲。琅琊临沂（今山东临沂）人。三国至西晋时期名士，"竹林七贤"之一。

　　王戎出身琅琊王氏。长于清谈，以精辟品评与识鉴而著称。最初袭父爵贞陵亭侯，被司马昭辟为掾属。累官豫州刺史、建威将军。后参与晋灭吴之战。吴国平定后，因功进封安丰县侯。在荆州拉拢士人，颇有成效。又被征召为侍中，迁任光禄勋。历任吏部尚书、太子太傅、中书令、尚书左仆射等职，并领吏部事务。

王戎认为天下将乱，于是不理世事，以游玩山水为乐。司马伦杀张华等，王戎因是裴頠的岳丈而被免。又起用为尚书令，再迁司徒。张方劫持惠帝入长安后，王戎逃奔陕县。永兴二年（305年），王戎去世，谥号"元"。

文化名人 4月24日

竹林七贤·阮咸

阮咸（生卒年不详），字仲容。阮籍之侄，叔侄二人时人并称为"大小阮"。三国至西晋时期名士，"竹林七贤"之一。

阮咸仕途并不得意。任散骑侍郎时，山涛推举阮咸主持选举，晋武帝认为阮咸好酒虚浮，于是不用他。后无疾而终，享年56岁。

阮咸妙解音律，善弹琵琶，为当时著名的音乐家，时号"妙达八音"，有"神解"之誉。有一种古代琵琶即以"阮咸"为名。他曾与荀勖讨论音律，荀勖自认为远不及阮咸，便极为嫉恨。阮咸也因此被贬为始平太守。阮咸还有著作《律议》传世，见《世说新语·术解》。

名人名言 4月25日

名人名言

博学之，审问之，慎思之，明辨之，笃行之。

——选自《礼记》

子曰:"学而不思则罔,思而不学则殆。"

——选自《论语》

子曰:"知之者不如好之者,好之者不如乐之者。"

——选自《论语》

见贤思齐,见不贤而内自省也。

——选自《论语》

名人名言　4月26日

名人名言

吾生也有涯,而知也无涯。

——选自《庄子》

不积跬步,无以至千里;不积小流,无以成江海。

——选自《荀子》

学者非必为仕,而仕者必为学。

——选自《荀子》

不受虚言,不听浮术。

不采华名,不兴伪事。

——选自(东汉)荀悦《申鉴》

读书三境界

（近代）王国维

昨夜西风凋碧树，独上高楼，望尽天涯路。

——晏殊《蝶恋花·槛菊愁烟兰泣露》

衣带渐宽终不悔。为伊消得人憔悴。

——柳永《蝶恋花·伫倚危楼风细细》

众里寻他千百度。蓦然回首，那人却在，灯火阑珊处。

——辛弃疾《青玉案·元夕》

近代著名学者王国维在《人间词话》中评，此乃"读书三境界"，也是"人生三境界"。

读书

陈燕松

一

人生欢愉何所似？应似偷闲读书时。
满纸响声千秋过，半世潇洒半世痴。

二

昨邀老庄谈天地，今约孔孟论春秋。

最喜陶翁采菊去，东坡啖荔真风流。

新诗欣赏　4月29日

杂咏

陈燕松

一

春风渡江千树绿，新莺唱夜百山幽。

乡村人家一壶酒，醉入桃花数风流。

二

闽南最美四月天，晓雾轻绕竹塘边。

待到夕阳傍山尽，独酌清荷自悠然。

夏日即景

陈燕松

一

雾生千嶂雨，风化一溪云。

隔江渔歌晚，连天白鸥鸣。

二

竹舍住深山，松月相对闲。

问溪何处去？清流到人间。

水墨画

中国画中纯用水墨的画体。相传始于唐，成于宋，盛于元明。

（北宋）郭熙窠石平远图

每月书法

行书

行书，萌于汉末，成熟于魏晋。代表性书家有王羲之、王献之、颜真卿、苏轼、米芾、赵孟頫、王铎等，代表性作品有《兰亭序》《祭侄文稿》《黄州寒食帖》等。

《李柏文书》

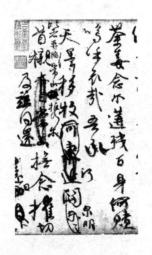

王羲之《兰亭序》　　　　颜真卿《祭侄文稿》

五月

榴花

（唐）韩愈

五月榴花照眼明，枝间时见子初成。

可怜此地无车马，颠倒苍苔落绛英。

与史中郎钦听黄鹤楼上吹笛

（唐）李白

一为迁客去长沙，西望长安不见家。

黄鹤楼中吹玉笛，江城五月落梅花。

露坐

（南宋）陆游

五月暑犹薄，中庭试葛衣。

蛙声经雨壮，萤点避风稀。

尘念三生误，归心半世违。

残年端有几，可复负渔矶？

苏幕遮·燎沉香

（北宋）周邦彦

燎沉香，消溽暑。鸟雀呼晴，侵晓窥檐语。
叶上初阳干宿雨、水面清圆，一一风荷举。
故乡遥，何日去。家住吴门，久作长安旅。
五月渔郎相忆否。小楫轻舟，梦入芙蓉浦。

荷叶杯·五月南塘水满

（清）毛奇龄

五月南塘水满，吹断，鲤鱼风。
小娘停棹濯纤指，水底，见花红。

五风十雨

汤显祖、字文仍，明时临川（今江西临川）人。中年以后，写下不少反映群众疾苦、揭露当时社会黑暗的诗。

有一年，明朝京都北京久旱不雨，老百姓心急如焚地求雨，可当政者却乘机摊派苛税。汤显祖听说后，想到五代时的一则笑话：当时京城不雨，中书令徐知浩便召问一个叫申渐高的乐工："近郊得雨，都城不雨，何也？"这位乐工风趣地回答说："雨畏抽税，不敢入京耳。"于是，汤显祖便写了这首诗，嘲讽当权者横征暴敛。诗曰：

五风十雨亦为褒，薄衣焚香沾御袍。

当知雨亦愁抽税，笑语江南申渐高。

诗的大意是：风调雨顺不与京都作美，穿着薄衣求雨的群众，焚烧的香烛纸钱烟灰，连皇帝龙袍都污染了。这就像五代时江南人申渐高说的，雨是怕抽税才不敢入京的啊！

由此引出"五风十雨"这个成语。

每月一花　5月4日

石榴花

石榴，落叶乔木或灌木。

中国人视石榴为吉祥物，认为它是多子多福的象征。古人称"千房同膜，千子如一"。民间婚嫁，有以石榴相赠。

传说：

石榴与中国服饰文化有密切联系。有人说石榴花像舞女的裙裾。梁元帝《乌栖曲》中，有"芙蓉为带石榴裙"之词，"石榴裙"缘此而来。古代妇女着裙，多喜欢石榴红色，而当时染红颜料，也多从石榴花中提取而成，因此也将红裙称为"石榴裙"，久而久之，"石榴裙"成了年轻女子的代称。人们形容男子被女人所征服，就称其"拜倒在石榴裙下"。

立夏

立夏，是二十四节气中的第七个节气，也是夏季的第一个节气。一般在每年公历5月5日或6日交节。立夏，顾名思义，就是夏天的开始。自然界披上绿色的外衣，农作物进入生长的旺季，大地充满生机。

立夏时节，对于农业农耕十分重要。古谚云："多插立夏秧，谷子收满仓。""孟夏之日，天地始交，万物并秀。"

古时候，有的天子会举行典礼迎夏。在民间，则有吃"立夏蛋"的习俗。孩子们则玩"挂立夏蛋"斗蛋的游戏。吃"立夏蛋"和"斗蛋"，都是对新年丰收的美好期盼。

立夏

（南宋）陆游

赤帜插城扉，东君整驾归。

泥新巢燕闹，花尽蜜蜂稀。

槐柳阴初密，帘栊暑尚微。

日斜汤沐罢，熟练试单衣。

每月一鱼　5月6日

鮸鱼

中文学名：尖头黄鳍牙鱼

地方名：鮸鱼、鮸仔鱼

分类地位：硬骨鱼纲，鲈形目，石首鱼科。

形态特征：

1、体型：体延长，稍侧扁，背部呈弧形，腹部较平直。

2、体色：体背部银灰褐色，腹侧橘黄色，各鳍橘黄色。

生活习性：近海暖水性鱼类。喜食虾、蟹及底栖动物。

经济价值：为经济鱼类。

趣闻：

20世纪20年代，巴浪鱼是一种罕见的鱼，一年只有一两个月才能吃到。闽南民谚称："巴浪巴浪，好吃不分尪（老公）"，指打到巴浪鱼舍不得分老公吃。有另一谚语与此相映成趣，"鲋鱼炖菜脯（白萝卜干），好吃不分某（老婆）"。

每月一菜　5月7日

璀璨夺目·北京菜

北京菜又称京帮菜，它以北方菜为基础，兼收各地风味。

北京菜中，宫廷菜地位显著，清真菜占重要位置，谭家菜兼收并蓄。最具特色的要算北京烤鸭，驰名中外。

传说：黄焖鱼翅

相传，张大千常差专人到北京买刚出锅的某道谭家菜，带回南京享用。这道菜里指的就是谭家黄焖鱼翅。

名菜谱·京酱肉丝

原料：千张皮1张，大葱20克，里脊肉150克，蒜蓉、姜末各10克。

调料：盐、蛋清、甜面酱、陈醋、白糖、味精、料酒、水淀粉、食用油各适量。

唐朝诗人"十杰" 5月8日

李白

李白（701—762），字太白，号青莲居士，又号"谪仙人"，唐代伟大的浪漫主义诗人，被世人尊为"诗仙"，与杜甫并称为"李杜"。

据《新唐书》记载，李白为兴圣皇帝（凉武昭王李暠）九世孙，与李唐诸王同宗。李白豪情奔放，爽朗大方，爱饮酒作诗，喜结交朋友。"天子呼来不上船""古来圣贤皆寂寞，唯有饮者留其名""千金散尽还复来"等，很能体现李白狂傲不拘的性格。李白深受黄老列庄思想影响，有《李太白集》传世，诗作中多以醉时所写，代表作有《望庐山瀑布》《行路难》《蜀道难》《将进酒》《明堂赋》《早发白帝城》等。李白在中国诗歌史上享有崇高地位，与"曹植、苏轼"同时并称中国三大天才诗人。

李白所作词赋，宋人已有传记（如文莹《湘山野录》卷）。就开创意义及艺术成就而言，"李白词"享有特殊地位。

唐朝诗人"十杰" 5月9日

杜甫

杜甫（712—770），字子美，自号少陵野老，世称"杜工部""杜少陵"等，河南府巩县（今河南巩义）人。唐代伟大的现实主义诗人，被世人尊为"诗圣"，其诗被称为"诗史"。

少年时代，杜甫先后游历吴越和齐赵，曾赴洛阳应举不第。三十五岁后，先在长安应试落第；向皇帝献赋，未受重视。在官场，终不得志。目睹了唐朝社会奢靡与危机。安史之乱爆发，杜甫辗转多地，颠沛流离。后杜甫弃官入川，生活相对安定，仍心系苍生，胸怀国事。创作了《登高》《春望》《北征》和"三吏""三别"等名作。

杜甫是现实主义诗人，有时也狂放不羁。从其《饮中八仙歌》，看出杜甫豪气干云。杜甫尊崇儒家仁政，有"致君尧舜上，再使风俗淳"的宏伟抱负。在世时，杜甫名声并不显赫，后声名远播，对中国文学和日本文学产生深远影响。

杜甫共有约1500首诗歌，被保留下来，大多集于《杜工部集》。大历五年（770）冬，杜甫病逝。

唐朝诗人"十杰"　5月10日

白居易

白居易（772—846），字乐天，号香山居士，又号醉吟先生，祖籍太原，生于河南新郑。唐代伟大的现实主义诗人。

白居易与元稹共同倡导新乐府运动，世称"元白"；又与刘禹锡并称"刘白"。白居易诗歌题材广泛，形式多样，语言平易通俗，有"诗魔"和"诗王"之称。白居易多年为官，官至翰林学士、左赞善大夫。为官从政期间，白居易深刻洞察社会现实，关心百姓疾苦，为民办了一些好事。杭州西湖尚存"白堤"，为当年白居易任职杭州时所建。846年，白居易在洛阳逝世，葬于香山。

白居易有《白氏长庆集》传世，代表诗作有《长恨歌》《卖炭翁》《琵琶行》等。在《琵琶行》中，"犹抱琵琶半遮面""大珠小珠落玉盘"等名句，被后世多引用传诵。

王维

王维（701—761，一说 699—761），字摩诘，号摩诘居士。河东蒲州（今山西运城）人，祖籍山西祁县。唐朝著名诗人、画家，有"诗佛"之称。

王维出身河东王氏，于开元十九年（731）状元及第。历官右拾遗、监察御史、河西节度使判官。唐玄宗天宝年间，王维拜吏部郎中、给事中。安禄山攻陷长安时，王维被迫受伪职。长安收复后，被责授太子中允。唐肃宗乾元年间任尚书右丞，故世称"王右丞"。

王维参禅悟理，学庄信道，精通诗、书、画、音乐等，以诗名盛于开元、天宝间。其诗尤长五言，多咏山水田园，与孟浩然合称"王孟"。书画特臻其妙，后人推其为南宗山水画之祖。苏轼评价其："味摩诘之诗，诗中有画；观摩诘之画，画中有诗。"

王维存诗 400 余首，代表诗作有《相思》《山居秋暝》等。著作有《王右丞集》《画学秘诀》。

刘禹锡

刘禹锡（772—842），字梦得，河南洛阳人，自称"家本荥上，籍占洛阳"。唐朝文学家、哲学家，有"诗豪"之称。

贞元九年（793），刘禹锡进士及第，初在淮南节度使杜佑幕府中任记室，为杜佑所器重。后从杜佑入朝，为监察御史。贞元末，与柳宗元，陈谏、韩晔等结交王叔文，形成以王叔文为首的政治集团。历任朗州司马、连州刺史、夔州刺史、和州刺史、主客郎中、礼部郎中、苏州刺史等职。会昌时，加检校礼部尚书。去世后，赠户部尚书。

刘禹锡诗文俱佳，涉猎题材广泛，与柳宗元并称"刘柳"，与韦应物、白居易合称"三杰"，并与白居易合称"刘白"。有《陋室铭》《竹枝词》《杨柳枝词》《乌衣巷》等名篇。哲学著作《天论》三篇，论述天的物质性，分析"天命论"产生的根源，具有唯物主义思想。有《刘梦得文集》，存世有《刘宾客集》。

唐朝诗人"十杰" 5月13日

李商隐

李商隐（约813—约858），字义山，号玉溪（谿）生，又号樊南生，祖籍怀州河内（今河南焦作沁阳），出生于河南荥阳（今河南荥阳）。晚唐著名诗人，与杜牧合称"小李杜"；与李白、李贺合称"三李"；又与温庭筠合称为"温李"。因诗文与同时期段成式、温庭筠风格相近，且三人都在家族排行第十六，故并称为"三十六体"。

唐文宗开成二年（837），李商隐登进士第，曾任秘书省校书郎、弘农尉等职。因卷入"牛李党争"政治旋涡而备受排挤，一生困顿不得志。唐宣宗大中末年（约858），李商隐在郑州病故，葬于故乡荥阳。

李商隐是唐代为数不多的刻意追求诗美的诗人。他擅长诗歌写作，骈文文学价值也很高。其诗构思新奇，风格秾丽，尤其是爱情诗写得缠绵悱恻，优美动人，被广为传诵。部分诗歌（以《锦瑟》为代表）过于隐晦迷离，难于索解，有"诗家总爱西昆好，独恨无人作郑笺"之说。

唐朝诗人"十杰" 5月14日

孟浩然

孟浩（689—740），字浩然，号孟山人，襄州襄阳（今湖北襄阳）人，唐代著名的山水田园派诗人，世称"孟襄阳"。因他未曾入仕，又称之为"孟山人"。

孟浩然生当盛唐，早年有志用世。40岁时游长安，应试进士不第。在仕途困顿、痛苦失望后，尚能自重，不媚俗世，修道归隐终身。

孟浩然曾在太学赋诗，名动公卿，一座倾服。孟诗绝大部分为五言短篇，多写山水田园和隐居逸兴，以及羁旅行役的心情。其中，虽不无愤世嫉俗之词，而更多属于诗人自我表现。孟浩然的诗，善于寓描复于叙述之中，句句都有画意和诗情，艺术造诣较高。后人把孟浩然与盛唐另一山水诗人王维并称为"王孟"。李白也与孟浩然交友甚厚，曾为其写"黄鹤楼送孟浩然之广陵"一诗，"故人西辞黄鹤楼，烟花三月下扬州。孤帆远影碧空尽，惟见长江天际流。"传诵千古。其诗作有《孟浩然集》三卷传世。

唐朝诗人"十杰" 5月15日

柳宗元

柳宗元（773—819），字子厚，唐代河东（今山西运城）人，杰出诗人、哲学家、儒学家，唐宋八大家之一。因为他是河东人，人称柳河东。又因终于柳州刺史任上，又称柳柳州。柳宗元与韩愈同为中唐古文运动的领导人物，并称"韩柳"。

在中国文化史上，其诗、文成就均极为杰出，可谓一时难分轩轾。骈文有近百篇，散文论说理性强，笔锋犀利，讽刺辛辣。著名作品有《永州八记》等六百多篇文章，经后人辑为三十卷，名为《柳河东集》。游记写景状物，多所寄托，有《河东先生集》。柳诗视野开阔，景象丰富，常常境也悠悠，情也悠悠。其代表作有《江雪》《渔翁》《溪居》等。《江雪》一诗，写得清丽冷峻，极有意境。诗曰："千山鸟飞绝，万径人踪灭。孤舟蓑笠翁，独钓寒江雪。"

唐朝诗人"十杰" 5月16日

韩愈

　　韩愈（768—824），字退之，河阳（今河南孟州）人。祖籍河北昌黎，世称韩昌黎。晚年任吏部侍郎，又称韩吏部。谥号"文"，又称韩文公。唐代文学家、哲学家、思想家。

　　韩愈与柳宗元同为唐代古文运动倡导者，主张学习先秦两汉散文语言，破骈为散，扩大文言文表达功能。宋代苏轼称他"文起八代之衰"，明人推他为唐宋八大家之首。韩愈与柳宗元并称"韩柳"，有"文章巨公"和"百代文宗"之名。韩诗观察事物细致，描写特征突出，文学成就相当之高。其作品收录在《昌黎先生集》里。

　　韩愈是中国"道统"观念确立者，是尊儒反佛的里程碑式人物。韩愈的教育理念，如"成于思，毁于随"，为后世所尊崇。

唐朝诗人"十杰"　5月17日

贾岛

贾岛（779—843），字阆仙，唐朝河北道幽州范阳县（今河北涿州）人。早年出家为僧，号无本。自号"碣石山人"。唐代诗人，人称"诗奴"。

贾岛有诗文集《长江集》。据说在洛阳时，当时有命令禁止和尚午后外出，贾岛作诗发牢骚，被韩愈发现其才华。后受教于韩愈，并还俗参加科举。唐文宗时受排挤，贬做长江主簿。唐武宗会昌年初，由普州司仓参军改任司户，未任病逝。

贾岛是著名的"苦吟派"诗人。典故"推敲"即出自贾岛。传说，他骑在驴背苦思"鸟宿池边树，僧推月下门"两句，反复斟酌用"推"还是用"敲"，以至错入韩愈仪仗。韩愈与其研讨再三，确定用"敲"。后来，人们将斟酌研读称为"推敲"。

诗人故事　5月18日

李白与磨杵成针

李白，唐朝浪漫主义诗人。后人尊称为"诗仙"。

小时候，李白天资聪明，极是贪玩顽皮。读书时，他总是坐不住，想跑到外面云游一番。老师常常被他弄得哭笑不得、无可奈何。

有一次，家里来了客人，父亲让李白现场作诗。李白满不在乎，很快就完成了。大家都夸他。客人走后，父亲却带他到书房，说："将这些书全部读完，诗会做得更好。"

李白很不服气，认为父亲给他出难题，便溜到外面玩。在河边，遇到一位白发婆婆，正在磨一根铁棍。李白问："婆婆，你为啥要磨铁棍？"老婆婆答："我要做一根绣花针。"李白惊讶了："棍这么粗，怎有可能磨成绣花针呢？"老婆婆笑着说："只要坚持，一点一点地磨，就一定能做到。"

李白听完老婆婆的话，顿时领悟过来。是啊，只要用功，铁杵也能磨成针。李白赶紧跑回家来，一头扎进书房。

"天生我才必有用。"李白能写那么多诗，成为名扬千古的"诗仙"，是他勤奋学习的结果。

——选自陈燕松《新编古今故事》

诗人故事　5月19日

杜甫与打枣老妇

唐朝诗人杜甫，一生写了三千多首诗。杜甫身上，有很多爱国爱民的故事，被广为传颂。

杜甫辞官，远离家乡，曾经居住在成都草堂。草堂前面，杜甫种了几棵枣树，每年总是果实累累。有一天，杜甫正在堂屋看书，忽然听见外面"啪"的一声，似有东西落下地来。杜甫知道，外面有人正在偷偷打枣。

走出门外一看，是一位满头白发的老妇人，正在打枣。老妇人看到杜甫，神色有些仓皇。杜甫上前问道："为何到这里打枣？"老妇答道："儿子前几年打仗死了，剩下我一人。家中无粮，实在没有办法，想打些枣充饥。"杜甫经历"安史之乱"，深深感受人间悲苦。听了老妇人的话，满腹心酸，忙帮着老妇打起枣来。临走时，杜甫还送了一些粮食给打枣老妇。

杜甫被后人称为"诗史"。他在"三吏""三别"等诗中，写了很多这样的人间故事。

——选自陈燕松《新编古今故事》

小满

小满是二十四节气中的第八个节气。一般在公历5月20日至22日交节。这时，小麦处于欲熟未熟状态，应注意农耕。

小满时节，夜莺轻啼，雨打芭蕉，梅黄杏肥，正是文人们展开想象的日子。

农谚有"小满动三车"之说。所谓"三车"即水车、丝车、油车。在水车启动前，有些农村以村落为单位，举行"抢水"仪式。与此同时，小满节气刚好是新丝即将上市的时候，蚕农及丝商无不满怀期望。因此，养蚕的地方，也会举办祭拜蚕神的活动。

小满

（北宋）欧阳修

夜莺啼绿柳，皓月醒长空。

最爱垄头麦，迎风笑落红。

茶事茶趣　5月21日

中国茶史

你知道中国茶史吗？

神农时代：生叶作茶，煮着喝，药用。

西周东周：人工栽培茶树，当菜食。

秦代：当茶饮、羹饮。

汉代：商业化，成都为最大集散中心。

唐代：陆羽著《茶经》，茶业发展。

宋代：泡茶技艺大大改进。

元代明代：相继形成多种制茶工艺。

清代以来：中国茶风靡世界，独步茶市。

茶事茶趣　5月22日

中国茶种

你知道中国茶种吗？

乌龙茶：

闽北乌龙：大红袍、水仙、肉桂等。

闽南乌龙：铁观音、奇兰、黄金桂等。

广东乌龙：凤凰单丛、凤凰水仙等。

台湾乌龙：冻顶乌龙、包种等。

阿里山高山茶：青心乌龙茶、极品金萱茶等。

红茶：祁红、滇红、闽红（金骏眉）等。

绿茶：龙井、碧螺春、毛峰、太平猴魁等。

白茶：白芽茶、白叶茶；如银针、白牡丹等。

黑茶：湖南黑茶、湖北老青茶、四川边茶、陕西黑茶、滇桂黑茶等（普洱熟茶）。

花茶：茉莉花茶、桂花花茶等。

茶事茶趣　5月23日

中国名茶

你知道中国名茶吗？

乌龙茶名茶有：武夷大红袍、闽北肉桂、安溪铁观音、广东凤凰单枞、阿里山高山茶等。

绿茶名茶有：西湖龙井、洞庭碧螺春、黄山毛峰、信阳毛尖、六安瓜片、太平猴魁、庐山云雾茶等。

红茶名茶有：祁门红茶、云南普洱、闽北金骏眉等。

黄茶名茶有：君山银针等。

花茶名茶有：福州茉莉花茶等。

黑茶名茶有：安化黑茶、普洱熟茶等。

茶事茶趣　5月24日

寒夜

（南宋）杜耒

寒夜客来茶当酒，竹炉汤沸火初红。
寻常一样窗前月，才有梅花便不同。

春昼回文

（唐）李涛

茶饼嚼时香透齿，水沈烧处碧凝烟。
纱窗避著犹慵起，极困新晴乍雨天。

茶事茶趣　5月25日

幽居初夏

（南宋）陆游

湖山胜处放翁家，槐柳阴中野径斜。

水满有时观下鹭，草深无处不鸣蛙。

箨龙已过头番笋，木笔犹开第一花。

叹息老来交旧尽，睡来谁共午瓯茶。

茶事茶趣　5月26日

鹧鸪天·寒日萧萧上琐窗

（宋）李清照

寒日萧萧上锁窗。梧桐应恨夜来霜。

酒阑更喜团茶苦，梦断偏宜瑞脑香。

秋已尽，日犹长。仲宣怀远更凄凉。

不如随分尊前醉，莫负东篱菊蕊黄。

明智地诚实地生活

林语堂

有生必有死，那是自然的循环。人与蜂有什么区别？我向来认为生命的目的是要真正享受人生。我们知道终必一死，终于会像烛光一样熄灭。是非常好的事。这使我们冷静，而又有点忧郁；不少人并因之使生命富于诗意。但最重要的是，我们虽然知道生命有限，仍能决心明智地，诚实地生活。

只要有一壶茶，中国人到哪都是快乐。

捧着一把茶壶，中国人把人生煎熬到最本质的精髓。

——选自林语堂《生活的艺术》

茶事茶趣：

山泉煎茶有怀

（唐）白居易

坐酌泠泠水，看煎瑟瑟尘。

无由持一碗，寄与爱茶人。

读书有感

陈燕松

一

朝随李杜泛诗游，暮伴苏辛说风流。

欲与陆翁忆旧事，红酥已觉两鬓秋。

二

数卷诗书绿柳边，一樽明月丹枫前。

长天烟霞且独吟，不羡王侯不作仙。

望乡

陈燕松

一

昨夕余霞倚山散，今朝新日映江辉。

天若有情知望乡，好风送我向南飞。

二

千山萧萧亭嶂远，万水茫茫风尘多。

惟今听我歌一曲，悠悠长长唱黄河。

山中访友

陈燕松

一

故友住山中，夜夜听清风。

晨星踏草翠，夕阳荷锄红。

二

数载难相聚，三杯岂是酒？

频频相忘言，陶翁话不休。

农家生活

陈燕松

一

斜阳卧牛背，孤月听乌啼。

残星两三点，山人晨起时。

二

闲棋敲灯花，邀我到他家。

壶中生日月，举杯走天涯。

青绿

中国画中以石青和石绿作为主色的画。山水画有大青绿和小青绿之分。

（唐）李思训《江帆楼阁》青绿设色

苏轼《黄州寒食帖》

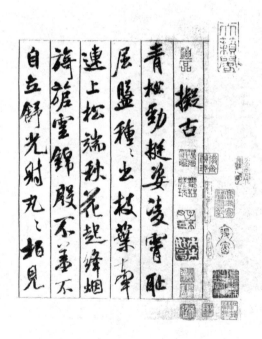

米芾《蜀素帖》

六月

晓出净慈寺送林子方

（南宋）杨万里

毕竟西湖六月中，风光不与四时同。
接天莲叶无穷碧，映日荷花别样红。

田家

（唐）聂夷中

父耕原上田，子劚山下荒。
六月禾未秀，官家已修仓。

生查子·旅思

（清）吴伟业

一尺过江山，万点长淮树。
石上水潺潺，流入青溪去。
六月北风寒，落叶无朝暮。
度樾与穿云，林黑行人顾。

早蝉

（唐）白居易

六月初七日，江头蝉始鸣。

石楠深叶里，薄暮两三声。

一催衰鬓色，再动故园情。

西风殊未起，秋思先秋生。

忆昔在东掖，宫槐花下听。

今朝无限思，云树绕涪城。

渔家傲·六月炎天时霎雨

（北宋）欧阳修

六月炎天时霎雨。行云涌出奇峰露。

沼上嫩莲腰束素。

风兼露。梁王宫阙无烦暑。

畏日亭亭残蕙炷。傍帘乳燕双飞去。

碧婉敲冰倾玉处？

朝与暮。故人风快凉轻度。

三茶六礼

茶礼是古代婚礼中一种隆重的礼节，原出于古人对茶的认识。茶树从种子萌芽到成株，不能移植，把茶树看作至性不移的象征。所以，民间以茶作为男女订婚之礼。三茶，指订婚时的"下茶"，结婚时的"定茶"和同房时的"合茶"。

六礼，指求婚至完婚整个过程，即婚姻据以成立的纳采、问名、纳吉、纳徵、请期、亲迎六种仪式。"纳采"是男家请媒人到女家去提亲；"问名"是男家托媒人到女家询问女方生辰八字，以备合婚；"纳吉"是男方将占卜吉兆可以合婚消息告诉女方，备上礼物到女家决定婚约；"纳徵"是男女双方缔结婚约后，男方将聘礼送往女方的礼仪；"请期"俗称"提日子""送日头"等，是男方下聘后择定结婚日期，备礼去女家征求意见；"亲迎"是迎娶新娘的仪式。

三茶六礼的传统婚姻习俗礼仪，使新婚夫妇取得祖先认可和履行父母权利义务。在古代，男女若非完成三茶六礼，婚姻便不被承认为明媒正娶。

由此引出"三茶六礼"这个成语。

荷花

荷花：属毛茛目睡莲科，是莲属二种植物的通称。又名莲花、水芙蓉等。

荷花分观赏和食用两大类。荷花全身皆宝，藕和莲子可食用，茎叶、花等可入药。其"出淤泥而不染，濯清涟而不妖"，历来为文人墨客所歌咏绘画。1985 年 5 月，被评为中国十大名花。荷花是印度和越南的国花。

传说：

荷花，相传是王母娘娘侍女——玉姬的化身。玉姬看见人间男耕女织，十分羡慕，动了凡心。于是，偷出天宫，来到西子湖畔。西湖风光使玉姬流连忘返，忘情在湖中嬉戏，舍不得离开。王母娘娘知道后，用莲花宝座将玉姬击中湖中，并让她"打入淤泥，永世不得再登南天"。从此，天宫少了一位美貌侍女，人间多了一种玉肌水灵的鲜花。

古诗中的荷花：

莲花

（唐）温庭筠

绿塘摇滟接星津，轧轧兰桡入白蘋。

应为洛神波上袜，至今莲蕊有香尘。

每月一鱼　6 月 5 日

加腊鱼

中文学名：真鲷

地方名：加拉鱼、赤棕、赤板

分类地位：硬骨鱼纲，鲈形目，鲷科，真鲷属

形态特征：

1、体型：体长椭圆形，侧扁而高。背鳍鳞鞘发达。

2、体色：体淡红色，体侧上半部有若干蓝色斑点。

生活习性：近海暖水性鱼类。以软体动物小鱼等为主食。

经济价值：为经济鱼类。

趣闻：

比目鱼被称为"爱情鱼"。古人云，"得成比目何辞死，愿做鸳鸯不羡仙"。诗中提及的比目鱼，由于两只眼睛长在同一边，有"成双成对"之义，故比目鱼被称为象征忠贞爱情的奇鱼。

每月节气 6月6日

芒种

芒种，是二十四节气中的第九个节气，一般在每年公历6月5日前后交节。农谚云，"芒种忙两头，忙收又忙种"。芒种时分，田间一片繁忙。

有人说，芒种即忙种，是人们常说的"三夏"大忙季节。小麦要抢收、抢晒、抢运。小麦收割后，又要及时播种。所以古人诗云："田家少闲月，五月人倍忙。"

农历五月，有农家繁忙的芒种时节，也有充满中国精神的"端午节"。2006年5月，端午节被列入第一批国家非物质文化遗产名录。2007年12月，端午节被定为法定节日。

时雨（节选）

（南宋）陆游

时雨及芒种，四野皆插秧。
家家麦饭美，处处菱歌长。

— 133 —

刀工精细·浙菜

浙菜源于新石器时代河姆渡文化。南北朝后，浙菜得以发展。南宋建都杭州，浙菜在"南食"中占主要地位。据《梦粱录》记载，浙菜有280多种菜肴。

浙菜分为杭帮菜、宁波菜、绍兴菜和温州菜。

代表名菜有西湖醋鱼、东坡肉等。

传说：龙井虾仁

乾隆游杭州，在村姑家避雨，喝到香馥龙井茶，便随手带上一把茶叶。雨过天晴，乾隆在西湖边一家小酒肆用餐。忽然想泡龙井茶。小二进包厢拿龙井茶时，见到乾隆龙袍，吓了一跳，赶紧告诉店主。店主正在炒虾仁，一听极为惊讶，竟将小二拿进厨房的龙井茶叶，当作葱段撒在炒好虾仁中。谁知这盘菜端到乾隆面前，却清香扑鼻。于是龙颜大悦。

名菜谱·西湖醋鱼

原料：草鱼1条，青椒末、红椒末各10克，蒜末、姜末、葱花各少许。

调料：盐、陈醋、白糖、水淀粉、生粉、食用油各适量。

苏轼

苏轼（1037—1101），字子瞻，又字和仲，号"东坡居士"。眉州眉山（即今四川眉山）人。南宋高宗朝，赠太师，追谥号"文忠"。北宋著名文学家、书画家、散文家、诗人、词人。后人将其与三国曹植、唐代李白列在一起，称为中国三大天才诗人。

苏轼品行高洁，性格豪放，一生仕途不顺，曾多次被贬。他坚守本心，境界开阔，从不随波逐流。在多个地方任上，为百姓办了不少好事，杭州、海南等均多有记载。

苏轼文学成就极高，诗、词、散文、书画等都取得优异成就。其散文与欧阳修、王安石齐名，位列"唐宋八大家"；其诗视野旷远，与黄庭坚并称"苏黄"；其书法与黄庭坚、米芾、蔡襄并称"苏黄米蔡"；其词成就最高，自成豪放一派，与辛弃疾并称"苏辛"。其代表作有"明月几时有""大江东去""十年生死两茫茫"等。很多作品是千古名篇。现存有《东坡七集》《东坡乐府》《东坡志林》等。

宋朝词人"十杰" 6月9日

辛弃疾

辛弃疾（1140—1207），原字坦夫，后改字幼安，号稼轩，山东济南府（今山东济南）人。南宋爱国词人，有"词中之龙"之称。与苏轼齐名，并称"苏辛"。

辛弃疾早年与党怀英齐名北方，号称"辛党"。青年时参与耿京起义，抗金归宋，献《美芹十论》《九议》等，条陈战守之策。由于他与主和派政见不合，屡遭劾奏，数次起落，最终退隐山居。开禧三年（1207），辛弃疾抱憾病逝。辛弃疾一生以恢复为志，以功业自许，却壮志难酬。他把家国情怀全部寄寓于词作之中。

辛弃疾其词题材广阔，善用典故，抒写爱国热情，倾诉壮志难酬。词中有不少励志的作品，有不少吟咏祖国河山的作品。其代表作有"京口北固亭怀古""书江西造口壁"等。"青山遮不住，毕竟东流去""沙场秋点兵"

等名句，传诵千古，流传至今。现存词六百多首，有词集《稼轩长短句》等传世。

宋朝词人"十杰" 6月10日

欧阳修

欧阳修（1007—1072），字永叔，号醉翁。吉州永丰（今江西永丰）人，自称庐陵人。北宋时期政治家、文学家、史学家和诗人。

欧阳修为天圣进士。北宋仁宗时，累擢知制诰、翰林学士；英宗时官至枢密副使、参知政事；神宗朝，迁兵部尚书，以太子少师致仕。卒谥文忠。

欧阳修既是范仲淹庆历新政的支持者，也是北宋诗文革新运动的领导者。他喜奖掖后进，苏轼父子及曾巩、王安石皆出其门下。其诗、词、散文均为一时之冠。散文说理畅达，抒情委婉，为"唐宋八大家"之一，代表作有《醉翁亭记》；诗风与散文近似，重气势而流畅自然：其词深婉清丽，承袭南唐余风，代表作有"生查子""蝶恋花"等。曾与宋祁合修《新唐书》，并独撰《新五代史》。又喜收集金石文字，编为《集古录》。作品收在《欧阳文忠公文集》《醉翁亭记》等。

宋朝词人"十杰" 6月11日

陆游

陆游（1125—1210），字务观，号放翁，越州山阴（今浙江绍兴）人，南宋文学家、爱国诗人。

陆游少年时深受爱国思想熏陶。南宋孝宗时，赐进士出身，历任隆兴府通判等职。因坚持抗金，屡遭主和派排斥。

乾道七年（1171），应四川宣抚使王炎之邀，投身军旅，任职于南郑幕府。次年，陆游奉诏入蜀，与范成大相知。宋光宗继位后，升为礼部郎中兼实录院检讨官，不久即因"嘲咏风月"罢官归居故里。嘉泰二年（1202）宋宁宗诏陆游入京，主持编修孝宗、光宗《两朝实录》和《三朝史》，官至宝章阁待制。书成后，陆游长期蛰居山阴，嘉定二年（1210）与世长辞，留绝笔《示儿》。

陆游一生笔耕不辍，诗词文赋具有很高成就。其诗语言平易晓畅、章法整饬谨严，兼具李白的雄奇奔放与杜甫的沉郁悲凉，尤以饱含爱国热情对后世影响深远。词与散文成就亦高，有《剑南诗稿》85 卷，收诗 9000 余首；《渭南文集》50 卷、《老学庵笔记》10 卷及《南唐书》等。书法遒劲奔放，存世墨迹有《苦寒帖》等。

宋朝词人"十杰" 6月12日

柳永

柳永（约 984—约 1053），原名三变，字景庄，后改名柳永，字耆卿，因排行第七，又称柳七，福建崇安人。北宋著名词人，婉约派代表人物。

柳永，出身官宦世家，少时学习诗词，有功名用世之志。咸平五年（1002）柳永离开家乡，流寓杭州、苏州，沉醉于听歌买笑的浪漫生活之中。大中祥符元年（1008），柳永进京参加科举，屡试不中，遂一心填词。景祐元年（1034），柳永暮年及第，历任睦州团练推官、余杭县令、晓峰盐碱、泗州判官等职，以屯田员外郎致仕，故世称柳屯田。

柳永是第一位对宋词进行全面革新的词人，也是两宋词坛创用词调最多的词人。柳永大力创作慢词，将敷陈其事赋法移植于词。同时，充分运用俚词俗语，以适俗的意象、尽致的铺叙、平淡的白描等艺术个性，对宋词发展产生了深远影响。其代表作有"对潇潇暮雨洒江天""寒蝉凄切""伫倚危楼风细细"等。

宋朝词人"十杰" 6月13日

周邦彦

周邦彦（1056—1121），字美成，号清真居士，钱塘（今浙江杭州）人。官历太学正、庐州教授、知溧水县等。北宋著名词人。

周邦彦少年时期个性比较疏散，喜欢读书。宋神宗时，写《汴都赋》赞扬新法，宋徽宗时，为徽猷阁待制，提举大晟府（最高音乐机关）。周邦彦精通音律，曾创作不少新词调。

周邦彦作品多写闺情、羁旅，也有咏物之作。用词格律谨严，语言曲丽精雅，尤擅长调铺叙。为后来格律词派词人所宗。作品在婉约词人中长期被尊为"正宗"。旧时词论称他为"词家之冠"或"词中老杜"，是公认"负一代词名"的词人，在宋代影响甚大。其代表作有"金陵怀古""柳""少年游"等。有《清真居士集》，已佚，今存《片玉集》。

宋朝词人"十杰" 6月14日

范仲淹

范仲淹（989—1052），字希文，苏州吴县人。北宋杰出的思想家、政治家、文学家。

范仲淹幼年丧父，母亲改嫁长山朱氏，遂更名朱说。大中祥符八年

（1015），范仲淹苦读及第，授广德军司理参军，迎母归养，改回本名。后历任兴化县令、秘阁校理、陈州通判、苏州知州等职，因秉公直言而屡遭贬斥。康定元年（1040），与韩琦共任陕西经略安抚招讨副使，采取"屯田久守"方针，巩固西北边防。庆历三年（1043），出任参知政事，发起"庆历新政"。不久后，新政受挫，范仲淹被贬出京，历知邠州、邓州、杭州、青州。皇祐四年（1052），改知颍州，范仲淹扶疾上任，于途中逝世，年六十四。追赠兵部尚书、楚国公，谥号"文正"，世称范文正公。

范仲淹政绩卓著，文学成就突出。其词境界开阔，苍凉豪放，代表作有"渔家傲""苏幕遮"等。他倡导的"先天下之忧而忧，后天下之乐而乐"，对后世影响深远。有《范文正公文集》传世。

宋朝词人"十杰" 6月15日

李清照

李清照（1084—约1155），号易安居士，齐州济南（今山东济南）人。宋代女词人，婉约词派代表，有"千古第一才女"之称。

李清照出身于书香门第，早期生活优裕。其父李格非藏书甚富，小时候就在良好家庭环境中打下文学基础。出嫁后与夫赵明诚共同致力于书画金石的搜集整理。金兵入据中原时，流寓南方，境遇孤苦。

李清照所作之词，前期多写悠闲生活，后期多叹悲苦身世。李词善用白描手法，自辟途径，语言清丽。论词强调协律，崇尚典雅，提出词"别是一家"之说，反对以作诗文之法作词。其代表作有"寻寻觅觅""风住尘香花已尽""昨夜雨疏风骤""红藕香残玉簟秋"等。诗留存不多，部分篇章感时咏史，情辞慷慨，与其词风不同。有《易安居士文集》《易安词》，己散佚。后人有《漱玉词》辑本。今有《李清照集校注》。

晏殊

晏殊（991—1055），字同叔，江西临川人。北宋著名文学家、政治家。

宋真宗时，14岁以神童入试，赐同进士出身，命为秘书省正字，官至右谏议大夫、集贤殿学士、同平章事兼枢密使、礼部刑部尚书、观文殿大学士知永兴军、兵部尚书。宋仁宗至和二年（1055）病逝于京中，封临淄公，谥号元献，世称晏元献。

晏殊以词著于文坛，尤擅小令，风格含蓄婉丽。其词代表作有"一曲新词酒一杯""槛菊愁烟兰泣露"等。与其子晏几道，被称为"大晏"和"小晏"，又与欧阳修并称"晏欧"；亦工诗善文，原有集，已散佚。其诗代表作有"寓意""示张寺丞王校勘"等。"无可奈何花落去，似曾相识燕归来"等成为千古名句。存世有《珠玉词》《晏元献遗文》《类要》残本。

姜夔

姜夔（1154—1221），字尧章，号白石道人，饶州鄱阳（今江西鄱阳）人。姜夔晚居西湖，卒葬西马塍。南宋文学家、音乐家。

他少年孤贫，屡试不第，终生未仕。一生转徙江湖，靠卖字和朋友接济为生。他多才多艺，精通音律，能自度曲，其词格律严密。其作品素以空灵含蓄著称。姜夔对诗词、散文、书法、音乐，无不精善，是继苏轼之后又一难得的艺术全才。

姜夔词题材广泛，有感时、抒怀、咏物、恋情、写景、记游、节序、交游、酬赠等。他在词中抒发了自己虽然流落江湖，但不忘君国的感时伤世思想；描写自己漂泊的羁旅生活，抒发自己失意的苦闷心情，以及超凡脱俗、飘然不群、如孤云野鹤般的个性。其词代表作有"淮左名都""燕雁无心""肥水东流无尽期"等。有《白石道人诗集》《白石道人歌曲》《续书谱》《绛帖平》等书传世。

文人故事　6月18日

秦观

秦观（1049—1100），字少游，一字太虚，别号邗沟居士，高邮军武宁乡（今江苏高邮）人。北宋婉约派词人，被尊为婉约派一代词宗，学者称为淮海居士。元符三年（1100），卒于藤州（今广西藤县）。

元丰八年公元，考中进士，官至太学博士、国史馆编修。成为苏轼的弟子，列为"苏门四学士""苏门六君子"之一。

作为北宋一位重要词人，秦观一生仕途坎坷。所写诗词寄托身世，高古沉重，感人至深。所写散文长于议论，文丽思深。秦观以婉约之词驰名于世。其代表作有"山抹微云""纤云弄巧"等。"两情若是长久时，又岂在朝朝暮暮"成为千古名句。著作有《淮海词》三卷100多首，宋诗十四卷430多首，散文三十卷共250多篇，诗文相加，其篇幅远远超过词若干倍。著有《淮海集》40卷、《劝善录》《逆旅集》等。

晏殊讲诚实

北宋时期，有一个读书人，叫晏殊。他家里虽穷，读书却很用功，博学多才。少年时期，晏殊就文名远扬。

宋真宗闻知后，便想当面求证，特地召他到宫廷考试。宋真宗叫人拿出一份考卷，让晏殊解答。晏殊一看，对宋真宗说："这份考卷，是今年大考试卷，我十几天前就做过了。请另选试卷。"宋真宗赞赏晏殊讲实话。在对晏殊进行考试后，赐给晏殊"同进士出身"。随后又请晏殊在翰林院任职。

有一次，宋真宗想为太子选一名读经官。权衡之下，选中了晏殊。原因是晏殊终日苦读，不像其他官员，经常结群结伴夜游夜宴。晏殊上朝答谢。答谢完后，晏殊又对宋真宗说："我也喜欢夜游夜宴。只不过，我素来经济窘迫，无法与同僚们一道参加。"宋真宗再次感到晏殊为人的诚实，对他大加表扬。

晏殊因为诚实待人，勤勉从政，一度总理国事。晏殊极富文学天赋，善于写诗填词。千古名句"无可奈何花落去，似曾相识燕归来"，就是晏殊写的。

——选自陈燕松《新编古今故事》

岳母刺字

北宋末期，金兵入侵中原，黄河以北国土大都沦落。百姓陷于战乱之中，流离失所，生活困苦。岳飞的母亲是个贤德明理的人，经常对少年岳飞进行爱国教育，鼓励他要苦练本领，长大杀敌立功，收复中原大好河山。

有一天，岳母对岳飞说，你已长大，男儿志在四方，应当考虑为国家做事了。岳飞听了母亲的话，慷慨激昂说："我要投军杀敌，保家卫国。"岳母听后很是高兴，连声称好。便让岳飞脱光上身，蹲下身去，在他背上刻下"精忠报国"四个大字，鼓励岳飞尽忠报效国家。

岳飞牢记母命，英勇杀敌，很快当上了将军。后来，又当上了抗金统帅，组织"岳家军"，连克金兵，收复失地，为南宋立下赫赫战功。"精忠报国""还我河山"，就是岳飞爱国精神的写照。民族英雄岳飞，也成为后人敬仰的典范。

这个故事告诉我们，爱国主义教育要从小抓起、从家庭抓起。现代社会，"刺字"表志不值得提倡，但爱国主义要永远铭记心中。

——选自陈燕松《新编古今故事》

每月节气　6月21日

夏至

夏至，是二十四节气中的第十个节气。一般在每年公历6月21日或22日交节。《恪遵宪度抄本》记载："日北至，日长之至，日影短至，故曰夏至。至者，极也。"民间有"吃过夏至面，一天短一线"的说法。夏至，表明炎热的夏天快到了。

夏至最宜观莲。早在唐代，就有"观莲节"。"清水出芙蓉，天然去雕饰""接天莲叶无穷碧，映日荷花别样红""出淤泥而不染，濯清涟而不妖"等经典诗句，描绘了荷花的风姿神韵，表现了荷花的圣洁气质。这也是人们所追求的理想人格。

竹枝词

（唐）刘禹锡

杨柳青青江水平，闻郎江上踏歌声。

东边日出西边雨，道是无晴却有晴。

文人故事　6月22日

文天祥丹心照汗青

南宋末期，蒙古军队统一北方后，开始侵犯中原，大片国土沦丧。长江以北，全部成了元军的天下。

文天祥勇赴国难，挺身而出，起兵抵抗，但都失败了。第一次被元军俘虏后，他机智逃脱。此后，文天祥忠勇报国矢志不移，又继续募兵抗元。

1278年，在与元军激战中，文天祥第二次被俘。当他被押到敌军首领面前，元兵喝令他跪拜。他大义凛然地说："我是宋朝人，死也不拜！"并破口大骂，只求速死。

元军素闻文天祥威名，想诱其归降，不想马上处死他。把他押在军中，随元军进退。途经零丁洋时，文天祥感慨万分，写下《过零丁洋》一诗。"人生自古谁无死，留取丹心照汗青。"诗中表现忠勇报国铮铮铁骨。

元军诱降文天祥不成，便杀了他。文天祥英勇就义。

这个故事告诉我们，中华儿女忠勇报国，其英雄气概将彪炳千秋，为人们所称颂。

——选自陈燕松《新编古今故事》

程门立雪

南宋时期，福建出了一个进士，名字叫杨时。杨时为人谦虚，勤奋好学，到处拜师求教。起初，他拜大理学家程颢为师。程颢去世后，又拜他的弟弟程颐为师。

有一次，天气有些寒冷，他与一位同学到程颐家拜访老师。适逢老师外出刚刚归来，正在午睡。他怕进屋惊动老师，两人便站在门口等候。这时，天色大变，下起雪来。雪花纷飞，越来越冷。杨时两人，坚持冒雪站在门口，不为所动，一心等候老师睡醒。

过了一段时间，程颐醒来了，发现自家门口站着两位雪人。上前一看，原来是学生杨时他们。程颐问明情况，大为感动，连声告歉，急忙招呼他们进门取暖。

程门立雪，尊敬老师，杨时的至真至诚自此流传开来。

——选自陈燕松《新编古今故事》

欧阳修与赵概

欧阳修与赵概同在宋朝馆阁任职。赵概性格敦厚，沉默寡言。欧阳修有些看不起赵概。后来，因为欧阳修外甥女犯事，皇帝要处分欧阳修，一时间没人敢为欧阳修辩护。唯有赵概上书皇帝，认为欧阳修与事无涉，为之开脱。

有人问赵概，你与欧阳修有隙，何故如此？赵概说："以私废公，我不能这样做。"皇帝还是不听赵概的话，将欧阳修贬至滁州。欧阳修到滁州后，写下《醉翁亭记》。

赵概后又任职翰林院。他继续上书为欧阳修辩护，希望皇帝召回欧阳修。欧阳修闻之极为感动，为之前慢待赵概而深感愧疚。自此两人成为莫逆之交。

后来，欧阳修性格大变，渐渐养成善于宽容别人、善于奖掖后进的良好品格。

每月节日　6月25日

端午节

端午节，农历五月初五，又名龙舟节，是中华民族最古老的传统节日。端午节源自天象崇拜，由古越人于午月午日（干支历）举行龙图腾祭祀演变而来。《易经·乾卦》中说："飞龙在天。"端午祭龙习俗，体现了古人"天人合一"的自然观，反映了源远流长、博大精深的中华文化内涵。

传说：

端午节习俗后来受屈原影响。天宝年间，唐玄宗下令将诸祠庙增入祀典，屈原被封为昭灵侯，享受官家烟火，每年春秋各一次；宋代封屈原为忠洁侯；明太祖圣谕"岁以五月五日"致祭屈原。端午节有挂艾叶榕枝、赛龙舟、吃粽子、饮雄黄酒、佩香囊等习俗。

古诗中的端午：

和端午

（北宋）张耒

竞渡深悲千载冤，忠魂一去讵能还，
国亡身殒今何有，只留离骚在世间。

有话就说　6月26日

有话就说

生活是什么？是一支糅合欢快与低沉的曲，是一段依靠想象才能生长起来的诗，是半阕没有前文也没有后语的词，是一首音调高低不平的歌。生活是美的。美无处不在。

生活的美，有悲壮之美，有婉约之美，有明快之美，有惨淡之美。美是真实的，感受美却不一定要真实。

我喜欢丰富的生活。这种丰富，既是色彩，更在层次。

——选自陈燕松《品味人生》

有话就说　6月27日

有话就说

道德是一个人的境界。

真是道德的基础，善是道德的核心。

如何活好？以善良之心善待人；以快活之心快乐人。

在两种情况下，道德最容易迷失。一种是精神至上，一种是物欲横流。为什么？因为道德附属于生活，穿行于活生生的行为之中。而这两种情况，都将可能扭曲生活。

——选自陈燕松《品味人生》

有话就说　6月28日

有话就说

人的尊贵不在于地位，也不在于金钱。人的尊贵在于拥有一颗真诚的心，懂得去爱，懂得感受爱。

借得长江一瓢水，敢于日月共争辉。

我不在乎别人对我怎样看，我只仰望头顶那颗微笑的星。那一颗星，早些年常常照耀我家柴门。

——选自陈燕松《品味人生》

新诗欣赏　6月29日

生活的诗

陈燕松

一

往来舟楫忙，出没风波里。

渔人追潮汛，听涛不得闲。

二

岭上白云路，山中鹧鸪天。

酒热告陶公，千年有来人。

游子吟（三首）

陈燕松

一

江中舟橹摇，楼上酒旗招。

风烟望故土，何日洗客袍？

二

一夜东风起，吹散愁多少？

莫问人将老，只有归时好。

三

云破月疏影，花落叶满径。

春去秋又至，随风起歌吟。

金碧山水

中国画中以泥金、石青和石绿这三种颜料作为主色的山水画，叫作"金碧山水"。

（宋）王希孟千里江山图（局部）

（元）赵孟頫《致中峰和尚札》

（清）王铎《枯兰复花图卷》

七月

山中

（南宋）方岳

黄纸红旗总不宜，绿蓑青笠久相知。

躬耕莘野一犁雨，亲见豳风七月诗。

老已白催蚕作茧，死时须用豹留皮。

山深未省人间世，黑白纵横几局棋。

露

（唐）李峤

滴沥明花苑，葳蕤泫竹丛。

玉垂丹棘上，珠湛绿荷中。

夜警千年鹤，朝零七月风。

愿凝仙掌内，长奉未央宫。

南轩

（南宋）陆游

今年秋早凉，七月已萧然。

南轩修竹下，枕簟终日眠。

时将半残梦，听此欲断蝉。

推枕起太息，四序忽已迁。

功名堕渺莽，衰疾方沈绵。

新月独多情，窥窗澹娟娟。

渔家傲·七月新秋风露早

（北宋）欧阳修

七月新秋风露早。渚莲尚拆庭梧老。

是处瓜华时节好。金尊倒。人间彩缕争祈巧。

万叶敲声凉乍到。百虫啼晚烟如扫。

箭漏初长天杳杳。人语悄。那堪夜雨催清晓。

每月成语 7月3日

七步之才

汉末，曹操次子曹丕从汉献帝手里夺取帝位，称为魏文帝，是三国时代魏国的开国皇帝。

曹丕的弟弟曹植（曹操第四子）很有文才。十来岁时，就能吟诗作赋，曹操特别喜欢他，曹丕却很忌妒。曹丕做了皇帝后，常常找事打压曹植。

有一次，曹丕对曹植说："听说你才思敏捷。现限你七步之内，成诗一首。如果不能，我治你欺诳之罪。"曹植无奈，只得应命。他一面走一面想，还没走满七步，便成一诗：

煮豆燃豆其，漉豉以为汁。

其在釜下燃，豆在釜中泣。

本是同根生，相煎何太急？

这首诗，有的书上记载只有四句，没有第二、三句。全诗用同根生的其、豆比喻同父母的兄弟，用互相煮煎来比喻兄弟不睦。"本是同根生，相煎何太急？"这是曹植对曹丕沉痛的责问和规劝。

由此引出"七步之才"这个成语。

每月一花　7月4日

茉莉花

茉莉又名茉莉花，为木樨科素馨属常绿灌木或藤本植物的统称。茉莉花色洁白，香气浓郁，象征爱情和友谊。在中国传统民歌及动画中，也用于卡通人物。

传说：

明末清初，苏州住着一赵姓农民，生活贫苦。赵老汉外出谋生，落脚在广东乡里，每隔两三年回苏州看看。有一年，赵老汉回家，带回一捆花树苗，栽在大儿子的茶田。隔了一年，树上开出了一朵朵小白花，其花香气四溢。很多人纷纷前来观赏。后来茉莉花成为苏州著名产品，闻名遐迩。

古诗中的茉莉花：

茉莉花

（南宋）江奎

灵种传闻出越裳，何人提挈上蛮航；

他年我若修花史，列作人间第一香。

小管

中文学名：中国枪乌贼

地方名：台湾枪乌贼、鱿鱼、小管

分类地位：头足纲、枪形目、枪乌贼科、尾枪乌贼属

形态特征：

体型：胴部圆锥形，胴长约为胴宽7倍，肉鳍甚长。

体色：体浅红色。内壳角质，薄而透明，近棕黄色。

生活习性：喜栖息于水色澄清、盐度轻高、浪小流缓的海区。主要食物为小型鱼类、甲壳类。

经济价值：干制品在海味市场被列为"一级品"。

小暑

小暑，是二十四节气中的第十一个节气。一般在公历7月6日至7月8日交节。小暑就是小热，标志夏季正式开始。

农谚有云："小暑一声雷，倒转做黄梅。""小暑热得透，大暑凉飕飕。"小暑节气的凉热与未来天气有关系。有经验的农民，会以天气作参考，管理好农作物。

小暑是伏天的开始，气温高且空气潮湿，人体感到闷热，食欲不振。在老北京，有一句俗语，"头伏饺子二伏面，三伏烙饼摊鸡蛋。"简单明了地说明小暑节气的饮食习惯。有些地方，伏天吃饺子、面条、烙饼成为一种习俗。

小暑六月节

（唐）元稹

倏忽温风至，因循小暑来。

竹喧先觉雨，山暗已闻雷。

户牖深青霭，阶庭长绿苔。

鹰鹯新习学，蟋蟀莫相催。

每月一菜　7月7日

口味清鲜·闽菜

闽菜源于古闽国。宋元海上丝绸之路，明郑和下西洋，起点都在福建，闽菜随港口发展而发展。

闽菜分为福州菜、闽南菜和闽西菜。

代表名菜有佛跳墙、荔枝肉等。

传说：佛跳墙

"佛跳墙"又名"满坛香""福寿全"，是闽菜中居首位的名菜。多次作为新中国国宴主菜。

光绪年间，福州一官员宴请福建布政使周莲。他用绍兴酒坛装鸡、鸭、羊肉、猪肚、鸽蛋及海产品等20多种原辅料煨制。周莲尝后，赞不绝口。问及菜名，官员说该菜名"福寿全"。在福州话中，"福寿全"与"佛跳墙"发音相同。

名菜谱·福建荔枝肉

原料：马蹄肉100克，瘦肉200克，葱7克，大蒜3克。

调料：红糟汁、番茄汁、蛋清、盐、生粉、白醋、水淀粉、食用油各适量。

大禹治水

尧在位时，黄河流域经常发生洪水灾害。尧召开会议商量如何治水。大家一致认为，鲧是能人，让鲧来做治水这件事。鲧采取"堵"的办法，用了九年时间，也没能解决治水的事。后来，大家又推荐鲧的儿子禹来治水。禹通过调查研究，改变父亲做法，采用"开疏"，挖通九条河，将洪水引到大海。经过十年努力，治服了洪水。史称"大禹治水"。

大禹治水，"三过家门而不入"。为了治水，禹刚结婚四天就离开了妻子涂山氏。治水时，三次经过家门，禹都没有进去看望妻子。连妻子生孩子都没有回去。禹公而忘私，被大家赞颂，尊称为"大禹"。

大禹治水，值得后人学习：第一，用人公正。鲧治过水，但尧仍能善用鲧的儿子禹来治水。第二，治水有方。禹采用"疏"而不是"堵"，治水经验多被后人仿效。第三，敬业精神。禹治水"三过家门而不入"，一心为公，勤勉敬业，是个好官。

——选自陈燕松《新编古今故事》

三人行必有我师

孔子，中国伟大的思想家和教育家。孔子是我国古代第一个开办私塾的人。他开门办学，有教无类，曾经教过三千个学生，算得上贤人的就有七十个。

有一次，孔子和学生们正在赶路，一个孩子挡在路中央。原来，这个小孩正在路上用石块垒一座城池。孔子上前，叫那个小孩让一让。那个小孩却不相让，理直气壮地说："我只知道，世上只有车绕城而过，还没有人拆城池给车让路的。"孔子想，这个小孩说话在理，便绕路走了。

事后，孔子非常感慨，对学生们说："三人行必有我师。这孩子虽小，却能说明事理，可以做我的老师了。"

这个故事告诉我们，谦虚是一种美德。每个人身上都有值得学习的地方。以平等的态度对待人，既是孔子闪光的地方，也是现代社会为人处事应有的态度。

——选自陈燕松《新编古今故事》

历史故事　7月10日

晏婴使楚

春秋时期，齐国有过一个相国，叫晏婴。他个子不高，长相也稍差些。但晏婴有才学、有气度，齐王很是信任他。

有一次，齐王派他出使楚国。那时楚国比齐国强些。楚王瞧不起晏婴，想试试齐国使者，特地叫人在城墙下开一个小门，想让晏婴进。晏婴知道楚人想羞辱他，便说："这是狗门，不是国门。如果我访问的是狗国，那我就从这个门进去。"楚人一听，只好打开城门，请晏婴进去。

楚王见到晏婴，一脸不屑，问："齐国怎么派你来了？"

晏婴坦然回答："我国派人出访，讲个规矩。上等国家，便派上等人物。我不中用，就到楚国来了。"

楚王一听，对他肃然起敬，忙起身道歉。

晏婴使楚，不畏强势，讲的是心勇、智勇。两国相交，讲求尊重、平等。晏婴作为使者，尽到捍卫国家尊严的职责。

这个故事告诉我们，平等相待，既是人与人之间应当奉行的道德，也是国与国之间应当遵守的规则。

——选自陈燕松《新编古今故事》

历史故事　7月11日

祁黄羊荐贤

春秋时期，晋国有个官员叫祁黄羊。他心胸坦荡，为人正直，做事有原则。

有一天，晋平公问他，你认识的人中，谁可担任南阳县令？祁黄羊推荐了解狐。晋平公不解，问："我听人说，解狐与你有仇。"祁黄羊答："您问我谁可担任县令，并没有问谁是我的仇人呀。"晋平公听从了祁黄羊的意见。果然，解狐上任后，尽职尽责，努力做事，南阳百姓安居乐业。

过了不久，晋平公问他，你认识的人中，谁可担任京城尉官，负责京城治安。祁黄羊推荐了祁年。晋平公不解，又问："祁年是你的儿子。你怎么推荐他呢？"祁黄羊答："您问我谁可担任尉官，并没有问谁是我的儿子呀。"晋平公再次听从了祁黄羊的意见。果然，祁年上任后，京城安宁，夜不闭户，路不拾遗。

祁黄羊推荐官员，出于公心，德才优先。"外不避仇，内不避亲"的成语典故，由此而来。

——选自陈燕松《新编古今故事》

周公吐哺

周公，姓姬名旦，周文王的儿子。他的封地在周，爵位上公，所以后人称他为"周公"。

相传，周公孝敬父母，是当时有名的孝子。周文王在世时，经常表扬他的孝心。他倡导仁爱，主张安抚天下，礼敬百姓。他的哥哥姬发继位，称"周武王"。周公一心辅佐哥哥，讨伐商纣。周公身体力行，说到做到，为周朝建立制度、发展农桑、安定社会做出了贡献。

后来，周公又辅佐周武王的儿子、年幼的周成王治理天下。史料记载，周公极为重视人才。他说，治国兴邦，在乎人才。因此他无论是在洗发，或者在吃饭，一听到有贤人来访，马上停下来，热情接待。成语"握发吐哺"，讲的就是周公礼贤下士的故事。

周公吐哺，天下归心。称赞的是周公的人品。周公为了国家发展，礼贤下士，尊重人才，实在值得我们现代人学习、仿效。

——选自陈燕松《新编古今故事》

程婴救孤

春秋时期，晋国晋景公重用奸臣屠岸贾。屠岸贾陷害忠良赵盾，逼他致死，就连赵家三百余口，也被满门抄斩。仅有一个半岁孤儿，被门客程婴冒死救出。

屠岸贾为了斩草除根，到处搜寻赵氏孤儿下落。搜寻不着，竟然下令要杀光晋国半岁左右婴儿。程婴为保卫"晋国小儿生命"，毅然将同龄亲生儿子冒充赵氏孤儿代为受戮，极为忠勇惨烈。程婴的壮举，消弭了晋国一场巨大灾难。

二十年后，赵氏孤儿长大成人，文武双全。程婴将赵氏一门惨案绘成图卷，告知赵氏孤儿，让他明白真相。经程婴等筹划，历经艰险，赵氏孤儿终于为国除奸、为赵家报仇。

赵氏孤儿的故事，体现了程婴忠勇爱国，义薄云天。这个故事，后人将它编成多种剧目，千古传颂。

——选自陈燕松《新编古今故事》

历史故事　7月14日

曾子杀猪

曾参，孔子学生。写过《孝经》，后人尊称他为曾子。

有一天，曾子回家。儿子曾申说："爹，你可回来了。娘说等你回来，叫你杀猪。"曾子想，猪没长大，就杀了吃？肯定是他娘随口说说，哄哄儿子的。

曾申看爹不想杀猪，就想起主意来了。他对曾子说，"爹，我那个信字写不好，你帮我写。"曾子写了几遍。曾申又说："这个信字，是啥意思？"曾子做了解释。曾申又说："爹，娘说了杀猪，回来又不让杀，这能算信吗？"曾子一愣，恍然大悟，大笑起来，"好，既然你娘答应杀猪，咱们就杀。"

曾夫人回家一看，曾子正在杀猪，就问："怎么杀猪了？"曾子答："你既然答应儿子了，就要算数。"曾夫人说："我只是哄哄孩子，作不得数。"曾子答："不能这样。猪杀了，可以再养。孩子要是学会不守信用，那事情就大了，会贻害一生啊。"

——选自陈燕松《新编古今故事》

孟母三迁

孟子，名轲，字子舆，战国时期邹国人。中国古代著名的思想家、教育家，儒家文化的重要代表人物。与孔子并称"孔孟"。

孟子的母亲，非常重视孟子的童年教育。为了选择学习环境，孟母将居室搬迁了三次。

第一次，孟子的家住在山下。周边经常有人送葬，哀乐吹吹打打。孟子与小伙伴们玩游戏，经常模仿别人送葬仪式。孟母觉得这样的环境不行，赶紧搬了家。

第二次，孟子的家住在镇上。镇上有很多生意人，买卖讨价还价。孟子与小伙伴一起，经常学习生意人讨价还价。孟母觉得这样的环境不行，又赶紧搬了家。

第三次，孟子的家住在学堂边。来往的人，大多是读书人，知书达礼的。孟母放心了，就这样定居下来。

这个故事告诉我们，儿童教育非常重要。应当为儿童选择并提供好的学习环境。

——选自陈燕松《新编古今故事》

立木取信

商鞅，战国时期的政治家、改革家。秦孝公奋发图强，十分倚重商鞅在秦国进行变革。商鞅想，改革要顺利进行，就必须得到百姓信任。

一天上午，商鞅派人在南门立起一根三丈木杆，宣布谁能将它扛到北门，赏金十两。百姓们想，这太容易了，可能吗？到了下午，木杆照旧立在那里，没人去扛。商鞅又下令，谁将木杆扛到北门，赏金提到五十两。百姓们依旧瞪着眼睛，更为惊讶了。这时，有一个人，抱着试试的想法，把木杆搬到北门。商鞅马上兑现，将五十两黄金奖给那个人。

人们见商鞅说到做到，对他有了信任。紧接下来，商鞅实行什么改革政策，大家都积极响应。商鞅变法，因此取得了成功。秦国也因此由弱变强。

这个故事告诉我们，推行变革，关键在取信百姓。纵观古今，任何一项改革，都必须赢得百姓支持，才能成功。

——选自陈燕松《新编古今故事》

历史故事　7月17日

六尺巷的故事

相传古时候，江南某地住着两户人家。彼此为邻，仅一墙之隔。双方主人同在朝中当官，一个是礼部尚书，一个是兵部侍郎。

有一年，兵部侍郎家要扩建，便想向外扩展出三尺。对方不愿意，认为邻居侵占了公地，影响自家居住环境。双方家人为此争吵不休，准备大动干戈。

双方各自写信，告知京城自家老爷。礼部尚书收到家信，抚髯微微一笑，提笔回复一诗，"千里家书只为墙，让人三尺又何妨？万里长城今犹在，不见当年秦始皇。"兵部侍郎得知礼部尚书的态度，感到自家做错，也赶紧修书回家，劝阻此事。并要家人非但不扩，还要同样退让三尺。于是，就有了后来的"六尺巷"。

这个故事告诉我们，邻里之间要平等相待，互敬互谅。所谓"退一步海阔天空"。

——选自陈燕松《新编古今故事》

昭君出塞

西汉时期，有一位女子，名叫王昭君。她远嫁匈奴和亲，为汉匈和睦边境安宁做出了贡献。史称"昭君出塞"。

汉元帝时，派人从民间选了许多年轻女子做宫女，其中就有王昭君。王昭君长得很美，因不愿贿赂宫廷画师，被画得很丑。因此没有机会接触元帝，更不会为元帝所宠幸。

33年，匈奴首领单于到长安，要求同汉朝和亲。元帝觉得这是好事，便为单于选妃。选来选去，王昭君被选上了，派往匈奴和亲。

王昭君远嫁匈奴，帮助单于发展生产，改变落后习俗。匈奴慢慢发展起来。匈奴百姓尊敬王昭君，也感谢王昭君。于是，在王昭君远嫁匈奴后的数十年间，汉匈边境安宁，两地百姓多有往来。"昭君出塞"，成了流传千古的佳话。

这个故事告诉我们，平等相待，是民族和睦相处共同发展的重要基础。

——选自陈燕松《新编古今故事》

郅恽守城门

刘秀夺取政权，建立东汉。有一天，刘秀想起一位当皇帝前就结识的熟人，汝南人郅恽，召见了他。郅恽性格耿直，公正无私。刘秀选派他去做洛阳东门守门官。

有一次，刘秀带人到近郊打猎，很晚才回洛阳。队伍走到洛阳东门时，城门早已关闭。随从侍卫冲着城楼大喊："皇上驾到，赶快开门迎接。"郅恽站在城头，看着城外皇上的队伍，大声回答："朝廷有明文规定，夜间不准打开城门。"刘秀等人只得绕道西门进城。

第二天，刘秀认为郅恽不讲情面，正想严加训诫。谁知郅恽却一早就递上奏章。奏章说："皇上身为国君，应当以身作则，不能围猎失度，更不能带头违反夜禁法令。"刘秀看完奏章，认为郅恽说得在理。于是，对郅恽忠于职守给予奖赏，对西门守门官徇私通融给予责罚。在朝会上，刘秀当着文武大臣，做了自我批评。

郅恽守城门，忠于职守，不徇私情，流传至今。

——选自陈燕松《新编古今故事》

历史故事　7月20日

黄香温席

黄香，东汉人。黄香的母亲，很早就去世了。黄香九岁时，就开始懂事，知道应当孝敬父亲。

父亲农事辛苦，早出晚归。黄香看在眼里。黄香年纪小，知道自己不能帮助父亲干农活。怎么办呢？黄香暗暗思忖。他决定选择自己有能力做的方式，帮助父亲。夏天热，每晚他都先给父亲扇扇凉席，让父亲一躺下就能入眠；冬天冷，每晚他都上床先把被褥焐热，让父亲能舒舒服服地睡。这样的孝心，培养了一种凡事替别人考虑的性格，为他长大后干大事打下了很好的基础。

黄香的故事，被西汉经学家刘向编进《孝子传》。后来，又被选入元代郭居敬编录的《二十四孝》。就这样流传开来，成了后人学习的典范。

这个故事告诉我们，讲孝顺，做好事，不在于年龄，而在于用心。用心做好事，立志当好人，现代社会也要倡导这种品德。

——选自陈燕松《新编古今故事》

历史故事　7月21日

桃园结义

东汉末期，汉室衰弱，朝廷无序，战乱纷起，民不聊生。刘备，字玄德，是汉室宗亲。由于家庭中落，刘备便以编织草席为生。他与关羽（字云长）、张飞（字翼德）相识后，三人志向相同，情投意合，在桃园结拜为异姓兄弟。他们决心为国为民，共扶汉室。

刘、关、张桃园结义后，开始招兵买马，渐渐成为一路诸侯。后来，刘备三顾茅庐，邀请诸葛亮（字孔明）出山，共谋伟业。在诸葛亮帮助下，南征北战，争荆州，夺汉中，取益州，终于建立了"西蜀"政权。与曹操北魏、孙权东吴形成"三国鼎立"。

刘备、关羽、张飞等桃园结拜，讲求忠义，坚守诚信。后人将他们的故事记载下来，留传至今。

这个故事告诉我们，人生在世，信义为先。信义走遍天下，古今依然。

——选自陈燕松《新编古今故事》

每月节气　7月22日

大暑

大暑，是二十四节气中的第十二个节气，也是夏天的最后一个节气。一般在每年公历7月22日至24日交节。"大暑，六月中，暑，热也。"

— 169 —

大暑正处于三伏的中伏，是各种喜湿作物生长最快的季节。这个时节，气候变化最为剧烈，应注意防范。

大暑节气，乡村田野蟋蟀最多。乡民茶余饭后闲来无事，经常斗蟋蟀，以此为乐，渐渐成为一种地方习俗。以致后来传至北京，传至宫中。老北京称为"京秋雅戏"。历史上有了京津蟋蟀斗慈禧的传说。

古诗中的大暑：

大暑

(南宋)曾几

赤日几时过，清风无处寻。
经书聊枕籍，瓜李漫浮沉。
兰若静复静，茅茨深又深。
炎蒸乃如许，那更惜分阴。

历史故事　7月23日

闻鸡起舞

东晋时期，有一位练武之人，叫祖逖。他自小志向远大，期望有一天能为国家富强建功立业。

祖逖有个好朋友叫刘琨，也是胸怀大志的人。他们常常聚在一起，习练武功，谈论国家大事。有时，时间太晚了，两人就同床而眠。

有一天半夜，两人躺在床上，还在畅谈未来。忽然，听到远处传来鸡鸣。祖逖非常兴奋，对刘琨说："雄鸡报晓，多么激昂。这是启发我们奋发向上啊！"于是，两人披衣起床，练习剑术。自此，两人晚上一起读书，同床而眠。一听雄鸡报晓，他们便起床练剑，从不间断。功夫不负有心人。多年下来，他们两人皆胸有韬略，武艺高强。

后来，祖逖、刘琨两人都成为东晋将军，成为国家栋梁之材。"闻鸡起舞"的故事也流传下来。

这个故事告诉我们，现代社会，同样必须胸怀大志，发奋努力，才能实现自己既定的目标。

——选自陈燕松《新编古今故事》

历史故事　7月24日

卧冰求鲤

王祥，晋朝人。母亲去世后，父亲又续娶了继母。继母不喜欢王祥，经常无事生非，在父亲面前说王祥的坏话。久而久之，父亲也渐渐不喜欢王祥。有一段时间，王祥很是苦恼，不知怎么办才好。他照样孝顺父母。他知道，总有一天能感动他们。

有一年冬天，王祥的继母生病，有点嘴馋，想吃鲜活的鲤鱼。这样的季节，想到集市上去买，肯定没有办法买到。于是王祥来到河边，想为继母捉活鱼吃。此时，河已结冰，看不到鱼。王祥只好脱掉衣服，卧在冰上，用身上的体温慢慢将冰化开，捉到了鱼。他的孝行，让继母感动。继母与父亲，也慢慢对王祥好起来。

王祥卧冰求鲤的方式并不可取。但他的孝心和行动值得后人学习。

——选自陈燕松《新编古今故事》

孔子察人三术

　　"视其所以"。了解一个人，就要看他做事的目的和动机。动机决定手段。我们要看他做什么，更要看他为什么这样做。

　　"观其所由"。就是看这个人的一贯做法。有时候不在乎一个人做什么，做多大，做多少，而要看他怎么做。

　　"察其所安"。就是看他安于什么，也就是平常涵养与做派。只有踏实安静的人，才能有所成就，才能厚积薄发。

——选自洪应明《菜根谭》

冷眼观人，冷耳听语，

冷情当感，冷心思理。

——选自洪应明《菜根谭》

思现在　看脚下

　　夜里，一个老和尚带着两个徒弟赶路回寺里。忽然，一阵风吹过，灯笼灭了。这样一来，既看不到前方，又看不到后面。

　　小和尚有点慌乱，忙问师父："怎么办？"

　　老和尚说："不急。思现在，看脚下。"

——选自洪应明《菜根谭》

热闹中著一冷眼，便省许多苦心思；

冷落处存一热心，便得许多真趣味。

——选自洪应明《菜根谭》

人间趣味　7月27日

小偷与书痴

清朝大臣曾国藩，为清政权转战南北，战功赫赫。他极喜欢读书，自称"书痴"。

有一次，一个小偷闪进曾国藩书房，意欲窃取贵重东西。他刚进书房，曾国藩也走了进来。小偷急忙躲了起来，心想，姑且等等，主人读书应当不会太久，个把小时总要出门小解吧。真没想到，曾国藩坐下读书，一读就是三个小时。这下，小偷憋不住了，只好现身。

曾国藩问："来此何为？"

小偷答："这不用问，偷东西嘛。"

曾国藩又问："为何又自动现身？"

小偷答："真没想到，你读书太笨，一坐就是三个钟头。早知道你是书呆，不如不偷罢了。"

曾国藩大笑。

人间趣味　7月28日

拆字拼字

　　民国时期，著名书法家于右任，看到某公园随处有便溺之迹。于右任觉得不雅，于是写下"不可随处小便"六个字，叫人张贴在公园合适处。

　　张贴者仰慕于右任的字，多次讨要不达。见于右任这张字幅，窃喜，便另写一幅同样的字贴上。他将于右任的字拆字剪开，拼成"小处不可随便"六字，裱褙挂在中堂。令往观者羡慕不已。

人间趣味　7月29日

方言五言诗（闽南语）

林语堂

乡情宰（这）样好，让我说乎你，

民风还淳厚，原来是按尼（这样）。

汉唐语如此，有的尚迷离；

莫问东西晋，桃源人不知；

父老皆叔伯，村姬尽姑姨；

地上香瓜熟，枝上红荔枝；

新笋园中剥，早上食谙糜（粥）；

庐脍莼羹好，呒值水鸡（田鸡）低（鲜）；

查母（女子）真正水（美），郎郎（人人）都秀媚；

今天戴草笠，明日装入时；

脱去白花袍，后天又把锄；

— 174 —

黄昏倒下困（睡），击壤可吟诗。

——选自《林语堂全集》

有话就说　7月30日

有话就说

真理是一件好东西，而且永远美好。

如果有什么比生命更加贵重的话，那就是真理。

我们要具备两种品质，即征服真理与屈服于真理。

追求真理和发布真理，同样需要勇气。

时间是真理最好的见证人。

——选自陈燕松《品味人生》

有话就说　7月31日

有话就说

真理只能是向前的绝不是后退的，只能是上扬的绝不是堕落的，只能是真实的绝不是虚假的。

真理，是仁者头顶的光环，是智者心中的太阳，是勇者举足前行的力量。

有的人喜欢将大米看成可以播种的种子。

倘若以权势大小来分配"真理"，我们宁肯不要这种"真理"。因为这种"真理"，绝不是真理，也不是我们所追求的真理。

——选自陈燕松《品味人生》

浅绛

在水墨勾勒被染基础上，敷设以赭石为主色的淡彩山水画。元黄公望、王蒙等喜作此种山水画，形成一种风格。

（清）王原祁山水图

楷书

正书、真书，指魏楷、唐楷，分小楷、中楷、大楷。汉末萌芽，魏晋至隋唐成熟。书家有王羲之、王献之、虞世南、欧阳询、褚遂良、颜真卿、柳公权、赵孟頫等，代表性作品有魏碑《龙门二十品》《宣示表》《黄庭经》《玉版十三行》《孔子庙堂碑》《九成宫》《玄秘塔碑》《妙严寺碑》等。

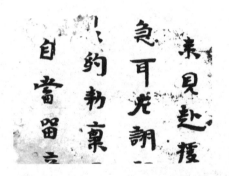

魏晋残纸

《始平公造像记》 《郑文公碑》

八月

归燕

（唐）杜甫

不独避霜雪，其如俦侣稀。
四时无失序，八月自知归。
春色岂相访，众雏还识机。
故巢傥未毁，会傍主人飞。

塞上曲（节选）

（唐）王昌龄

蝉鸣空桑林，八月萧关道。
出塞入塞寒，处处黄芦草。
从来幽并客，皆共尘沙老。
莫学游侠儿，矜夸紫骝好。

浪淘沙（节选）

（唐）刘禹锡

八月涛声吼地来，头高数丈触山回。
须臾却入海门去，卷起沙堆似雪堆。

鹧鸪天·八月芦沟风路清

(元) 元好问

八月芦沟风路清，短衣孤剑此飘零。

苍龙双关平生恨，只有西山满意青。

尘扰扰，雁冥冥。因君南望涌金亭。

还家胜买宜城酒，醉尽梅花不要。

每日成语　8月3日

八面威风

　　元朝末期，朝廷腐败，民不聊生。各地农民纷纷起义，反抗元朝统治。农民起义军领袖朱元璋领兵下安徽和阳，准备继续南下。

　　这年春节，朱元璋与大将徐达同乘一条小船，从长江北岸渡过长江。船夫是一对老夫妻，船夫知道船上坐着大名鼎鼎的朱元璋，便高声喊着号子，向他庆贺说："圣天子六龙护驾，大将军八面威风。"朱元璋明白这是祝贺帝王的话，心里非常高兴，便和徐达轻轻踢着脚，互相表达庆贺之意。

　　后来，朱元璋统一全国，建立明朝，成为历史上闻名的明太祖。明太祖心中高兴，便派人找到当年的船夫，给了封赏，又将他那只小船涂成朱红颜色，表示有功的意思。

　　由此引出"八面威风"这个成语。

桂花

桂花是中国木犀属众多树木的习称，代表物种木犀又名岩桂。

桂花是中国十大名花。桂花清可绝尘，浓能远溢，堪称一绝。古代咏花诗词中，咏桂之作颇为可观。

传说：

吴刚伐桂的故事，广为流传。汉朝河西人吴刚，因学仙时，不遵道规，被罚至月中伐桂。吴刚每日伐树不止，那棵神奇桂树却依然如故，生机勃勃。每临中秋，馨香四溢。只有中秋这一天，吴刚才能在树下稍事休息，与人间共度团圆佳节。

古诗中的桂花：

芗林五十咏·丛桂

（南宋）杨万里

不是人间种，移从月中来。

广寒香一点，吹得满山开。

生日喜赋

陈燕松

人生流水自向东，青山叠翠夕照红。

茫茫岁月云烟过，悠悠世事道路通。

老妻呢喃长相守，拙儿引亢歌行空。

坐看云起看晚霞，一任沧桑说从容。

每月一鱼　8月6日

墨贼

中文学名：金乌贼

地方名：乌贼、墨鱼

分类地位：鞘亚纲、乌贼目、乌贼科、乌贼属

形态特征：

1、体型：胴服盾形，胴长约为胴宽2倍，肉鳍较宽。

2、体色：体黄褐色，有波状条纹呈金黄色。

生活习性：属于浅海性种类，分布在暖温带海区。夜间比白天活跃。

经济价值：肉厚而味美，干制品是海味市场珍品。

趣闻：

鱼儿离不开水，这是一个常识。但弹涂鱼，可以较长时间离开水，在阳光下奔跑、跳跃。被称"能跑会跳的鱼"。

每月节气　8月7日

立秋

立秋，是二十四节气的第十三个节气，也是秋天第一个节气。一般在每年公历8月8日前后交节。"秋"字由"禾"与"火"组成，是禾谷成熟的意思，意味秋天是收获的季节。

提起"秋"字，你会想到什么呢？秋风习习、秋月高挂、稻谷飘香、果实累累。立秋是农民的大节气，人们十分重视这个节气的物候现象和农事意义。

我国民间流行多个立秋习俗。比如祭祀土地神，表示感谢，正所谓"春祈秋报"。宋代有吃食糕、饮秋酒等活动。如今逐渐流传演变为社戏、庙会等民俗活动。

立秋

（北宋）刘翰

乳鸦啼散玉屏空，一枕新凉一扇风。

睡起秋色无觅处，满阶梧桐月明中。

每月一菜　8月8日

色调浓郁·湘菜

《吕氏春秋·木味》有："菜之美者，云梦之芹；鱼之美者，洞庭之鳟"，意思是云梦的芹菜，洞庭湖的鳟鱼，是食物中的美味。南宋后，湘菜逐渐自成体系、闻名全国。

湘菜分为湘江风味、洞庭风味和湘西风味。

代表名菜有毛家红烧肉、东安子鸡、腊味合蒸、土匪猪肝、冰糖湘莲甜汤等。

传说：东安鸡

东安鸡又叫东安子鸡，是一道湖南传统名菜。

相传唐玄宗开元年间，有客商赶路，在路边小饭店用餐。店主老妪因无菜可供，捉来童子鸡现杀现烹。那仔鸡经过葱、姜、蒜、辣椒调味，香油爆炒，再喷以酒、醋、盐焖烧，鲜香软嫩，竟传千年。

名菜谱·腊味合蒸

原料：腊鸡肉300克，腊肉、腊鱼肉各250克，生姜片10克，葱白3克，葱花少许。

调料：鸡汤、味精、白糖、料酒各适量。

中国寓言　8月9日

疑邻盗斧

有个人丢了一把斧子，怀疑是邻居的儿子偷去的。因此，就很注意邻居儿子的一举一动。总觉得他走路的样子、脸上的表情、说起话来无一不像是偷斧头的。

后来，他在家里淘水沟找到了这把斧子。过了几天，再看看邻居的儿子，无论从表情还是动作，再也不像是偷斧子的人了。

——选自《吕氏春秋》

中国寓言　8月10日

狐假虎威

老虎捕猎，捉到一只狐狸。狐狸眼睛一眨，对老虎说："你不敢吃我的。"

老虎感到惊奇，问："我什么都敢吃，为何不敢吃你？"

狐狸笑笑，"上天叫我做百兽之王。你若吃我，岂不违背上天的意旨？如不相信，我在前头走，你在后面跟着看看。那些野兽见了我，有哪一个敢不跑开的。"

老虎信以为真，于是与狐狸同行。果如其然，野兽们都纷纷跑开了。原来，它们是怕老虎的，不是怕狐狸的。

鹬蚌相争

一只河蚌刚从水里爬了上来，正张开两壳晒太阳。忽然，一只鹬飞了过来，啄食河蚌的肉。河蚌忙并起两壳，紧紧夹住鹬的嘴。一来一往，谁都不想松开。双方相持不下，有个渔夫走来，将它们一起捉了。相争的结果是渔夫得利。

——选自《战国策》

中国寓言 8月11日

争雁

从前，有一对兄弟正在闲谈聊天。忽然，看到一只大雁在天上飞。当哥哥的说："我将它射下来，炖着吃"。弟弟不同意，争论道："还是烤着吃。"两人争吵不休。

这时，一位叫社伯的人走来，兄弟俩便请他评理。社伯建议将雁剖开，炖一半，烤一半。两人表示同意。

待两兄弟抬头再射雁，雁早已跑得无影无踪了。

万字

汝州有一个财主，家中几代人都不识字。有一天，财主聘请一位先生教他的儿子聪。这位先生先是教聪写字，写一画，说："这是'一'字。"写二画，说："这是'二'字。"聪想，识字这么简单，就不用再学了。

聪对财主说："我已知道识字的诀窍。不必再请先生。也可省点钱。"财主很高兴，将先生辞了。

有一次，财主想请一位姓万的亲戚喝酒，叫聪写请帖。聪从早晨写到傍晚，还没有写好。财主责聪太慢，聪说："天下的姓那么多，干吗姓万？"

——选自《中国寓言故事精选》

中国寓言 8月12日

古琴

有位制琴技师，叫工之侨。他得一段桐木，制成了琴。一弹，金玉和鸣，十分动听。他以为是天下最好的琴，便献给朝廷乐官。乐官请人鉴定，说："不古。"将琴退回。

工之侨将琴带回家来。请刻工刻古字，请漆工造断纹，弄成古琴样子。又将它用匣装好埋在土里。一年之后，工之侨将它拿到市场出售。一位富人高价买了下来，当成珍宝献给朝廷乐官。乐官赞不绝口，称："这是千古稀有的宝物。"

大患在鼠

赵国有一个人，怕鼠害，特地找了只猫回来。这猫既会捕鼠，也会食鸡。不久，鼠没了，家里的鸡也没了。

他的儿子说："这猫不好，何不将它送走。"

他回答说："鼠会吃粮食，会咬衣服，会打墙钻洞，大患在鼠。猫会捕鼠，将鼠灭光，我们就不会挨饿受冻。"

儿子又说："这猫还会食鸡呀。"

他答："鸡没了，不要紧。我们少吃鸡蛋鸡肉而已，总比挨饿受冻好。"

——选自《中国寓言故事精选》

花木兰替父从军

北魏时期，北方游牧民族经常南下袭扰，中原百姓生活不得安宁。为了保卫边疆，官府规定，每户人家必须征用一名男丁参军作战。

花木兰的父亲年纪已大，身体又不好，不能再上前线了。弟弟年纪还小，不够当兵年龄。按理说，花家可以向官府报请，免于出征。

花木兰想，参军作战，保家卫国，是一件好事，自己应当出力。于是，她决定女扮男装，代父从军。

连续几年，花木兰与战友们一同风餐露宿，英勇杀敌，终于取得了胜利。由于花木兰做事谨慎，战友们都没有发现木兰是女儿身。直到凯旋，战友们相约到花家欢聚畅饮，木兰还原姑娘本相，大家才发现原来木兰代父从军。

皇帝知道花木兰的事迹后，想给她封官，奖金赏银。花木兰却放弃这一切，回家侍奉双亲去了。

——选自陈燕松《新编古今故事》

揠苗助长

宋国有个农夫，嫌他的庄稼长得太慢。于是便把它们一棵棵地拔高。回到家里，显得非常疲乏。

儿子问："为何？"

他回答："我帮田里庄稼长高一大截。"

儿子跑到田里一看，庄稼苗都已经死了。

何待以后

有一个人，天天偷村里乡亲的鸡。

别人劝他："这样做，不是正道行为。"

他答："那以后就少偷些，改成每十天偷一只，再慢慢改成每月偷一只。等到以后，再完全不偷。"

——选自《孟子》

中国寓言　8月15日

东施效颦

战国时期，越国有个美女叫西施。她因为心口痛，经常用双手捂住胸口，紧锁眉尖，其样子楚楚动人，很美。

邻居有个丑女叫东施，想学西施，也捂着心口，皱着眉头。愈是仿效，便愈丑。东施一出家门，好多人都远远躲开。

鲁侯养鸟

从前，有只海鸟落到鲁国。鲁侯听说后，忙将海鸟迎接到祖庙，请它饮酒。不仅摆上最好的菜肴，还让乐师演奏《九韶》乐曲，极是隆重。

海鸟惊恐万分，不敢进食。过了三天，就死了。

——选自《庄子》

滥竽充数

齐宣王让人吹竽，一定要听合奏，乐师有三百人之多。有位南郭先生，也来请求为齐宣王吹竽。齐王很是高兴，给他的待遇与其他三百人一样。

宣王死去，齐湣王继位。他一改宣王习惯，喜欢乐师一个一个地独奏。南郭先生混不下去，只好逃走。

买椟还珠

有一个楚国商人，到邻国去卖珍珠。装珠的盒子做得极为精致，很是豪华。

有个郑国人向他买珠，将珍珠还给他，却将盒子带走了。

——选自《韩非子》

郑人买履

有一个郑国人，打算去买鞋子。他先是量量自己的脚，将尺码记了下来。

到了集市，鞋子挑好了，他才想起忘记带尺码。于是，他忙放下鞋子，回家去取尺码。待到赶回来，集市已经散了。

画鬼最易

齐王喜欢画画，有位画师给齐王画画。

齐王问他："画什么最难？"

他答："画狗画马最难。"

齐王又问："画啥最为容易？"

他又答："画鬼最为容易。谁都不知道鬼是啥样子，想怎么画就怎么画。"

——选自《韩非子》

中国寓言　8月18日

刻舟求剑

有一个楚国人，乘船渡江，佩剑掉到水里了。他急忙在船沿刻个记号，说："我的剑是从这里掉下去的。"

船开了一阵子，停住了。他就顺着船沿上的记号，下水去找佩剑。

利令智昏

一个齐国人，一心想得到金子。清早起来，他穿戴整齐，跑到金店，抢到金子就想跑。结果，被逮住了。

有人问他："这么多人都在这儿，你怎么敢公然抢人家的金子呢？"

他答："我只看到金子，没有看到别人。"

——选自《吕氏春秋》

回首

陈燕松

回首既往时光，无限感慨涌上心头。以此记之。

有心忆往事，无言论峥嵘。当年龙江常为伴，听潮声，望星空。越五个千年，诗与史，一纸匆匆。欲九天揽月，俯抚城廓，自比鲲鹏同。

雄关万道，云嶂千重。蹉跎岁月人蹉跎。风雨潇潇，寻寻觅觅，惜秋意渐浓。更如今，英华不再，夕阳又红。且观沧海，吟桑田，采菊学陶翁。

杞人忧天

有一个杞国人，整天担心天会塌下来，自己无处存生，于是茶食不进。

有人劝他："天不过是聚积起来的气体，没有什么地方是没有空气的。你整天在气体里面活动，怎么会塌了？"

他说："反正我怕。"

有人再劝："这么多人陪你，大家不怕，你又怕啥？"

朝三暮四

宋国有个养猴的老人，家里养了一群猴。家里粮食不够吃了，得想想办法。

他对猴说："分给你们橡栗，早上三个，晚上四个，行吗？"

众猴子听了，跳了起来，大发脾气。

他只好又说："不然，就改一改，早上四个，晚上三个，行了吧。"

猴子听了，开心极了。

——选自《列子》

中国寓言　8月21日

刘向·叶公好龙

叶公子高非常喜欢龙，居室装饰着龙，桌椅雕镂着龙，就连衣钩、酒器都刻着龙。他逢人就说。他太喜欢龙了。

天上的龙听说此事，很是高兴，决定下凡探望。龙来到叶公家里，将头伸进窗户，长长的尾巴拖到厅堂。

叶公看到龙，吓得魂飞魄散，脸色大变，掉头就跑。从此，他不再说他喜欢龙了。

邯郸淳·鲁人执竿

有一个鲁国人，举着一支竹竿，要进城门。竹竿约 5 米见长，竖着拿进不了城门，横着拿也进不了城门。他被折腾得一筹莫展。

这时，来了一位老人。老人看他着急的样子，走上前去，问明原因。原来，他要用做 2 米多点的竹架。老人说，你为啥不用铁锯将竹竿截成两段，再拿进去呢？

——选自《中国寓言故事精选》

处暑

处暑，是二十四节气中的第十四个节气。一般在每年公历 8 月 23 日前后交节。处暑意味暑气渐去，凉意渐生。"七月中，处，止也，暑气至此而止矣。"

秋来满地黄，处暑农事忙。处暑过后，就是天高云淡，凉风送爽的金色秋天。处暑三候中的三候为"禾乃登"，多数作物陆续收成，田头一派丰收景象。

处暑节气中有一个重要的节日，在农历七月十五日这一天，道教称为"中元节"，佛教称为"盂兰盆节"，也就是民间传说中的"鬼节"。中元节与除夕、清明、重阳等，都是我国传统的祭祀大节。

秋思

（唐）张籍

洛阳城里见秋风，欲作家书意万重。

复恐匆匆说不尽，行人临发又开封。

百鸟朝凤

很久之前，凤只是一只很不起眼的小鸟，羽毛也很平常。它很勤劳，早晚忙个不停，将别的鸟扔掉的果实收藏起来。

有一年，森林大旱，鸟儿们找不到食物，饿得头昏眼花。见此，凤想都未想，急忙将多年收藏的东西拿了出来，分给大家，一起共渡难关。

旱灾过后，为了感谢凤的救命之恩，鸟儿们都将身上最漂亮的一根羽毛拔了下来，制成一件光彩夺目的百鸟衣，献给了凤，并推举凤为鸟王。

从此，每逢凤的生日，鸟自四面八方都会飞来祝贺。这就是百鸟朝凤。

——选自《中国民间故事》

民间故事　8月24日

三个和尚

从前有座山，山上有座庙，住着一个小和尚。他很勤快，天天到山下挑水，将水缸灌得满满的。

有一天，庙里来了一个大和尚。小和尚说，"你是新来的，应当由你挑水。"大和尚说，"我年纪大，应当由你挑。"两人互相推诿。后约定，每人轮流一天。

后来，庙里又来了个胖和尚。大和尚、小和尚建议，每人轮着来，一人挑一天水。胖和尚好吃懒做，不干。于是，三个人都不下山挑水。

再后来，庙里断水了。"三个和尚没水喝"的俗语由此传开。

——选自《中国民间故事》

每月节日　8月25日

七夕节

七夕节，农历七月初七。最早缘于人们对自然天象的崇拜。远古时代，古人将天文星区与地理区域相互对应，这个对应关系就天文来说，称作"分星"；就地面来说，称作"分野"。东汉，牛郎织女星象出现人格化描写："织女七夕当渡河，使鹊为桥。"因七夕赋予牛郎织女的美丽传说，便成为象征爱情的节日。当代有"中国情人节"之义。

传说：

七夕，牛郎织女在天河鹊桥相会。七夕节又名乞巧节，即在月光对着织女星用彩线穿针，如能穿过七枚大小不同的针眼，就算很"巧"了。汉代，形成了七夕乞巧习俗。

古诗中的七夕：

七夕

（唐）白居易

烟霄微月澹长空，银汉秋期万古同。

几许欢情与离恨，年年并在此宵中。

天南地北 8月26日

孟子谈平常

有一次，齐国储子问孟子说，"齐王不时派人拜访先生，想必您一定有卓尔不群的地方吧。"

孟子笑着回答："难道尧舜比一般的人多一双手脚吗？连圣人先贤都没有与别人不同的地方，何况是我呢？"

——选自洪应明《菜根谭》

文章做到极处，无有他奇，只有恰好；

人品做到极处，无有他异，只是本然。

——选自洪应明《菜根谭》

天南地北　8月27日

白居易问禅

白居易是唐朝著名诗人。世事沉浮，他的一生并不顺利。有一次，他见到广宽禅师。他问，人的一生，如何做才能顺风顺水？

广宽禅师答，不必妄有念头。

白居易又问，坏的念头自不该有，好的念头也不该有吗？

广宽禅师答，人的眼睛，容不得沙子，也容不得金子呀。一切顺其自然，最好。

——选自洪应明《菜根谭》

日既著而犹烟霞绚烂，

岁将晚而更橙橘芳馨。

——选自洪应明《菜根谭》

天南地北　8月28日

杨修逞聪

东汉末期，诸雄争霸。曹操金戈铁马，征战南北。杨修是曹营主簿，人极聪明，也会办事。

有一次，曹府修建大宅。完工后，请曹操去验收。曹操在一门庭处停下，写了个"活"字。杨修马上领会，认为门内有"活"，即"阔"，曹操嫌门太宽了。于是，请人将门改窄一些。

再有一次，两军对垒。时间久了，曹操烦躁。吃晚饭时，曹操对一盘鸡肋起了兴趣，连说，"鸡肋呀，鸡肋。"杨修又逞聪明，忙吩咐曹营将士准备退兵。他认为，鸡肋，食之无肉，弃之可惜。曹操已有退兵之意，应早做准备。

曹操闻知，勃然大怒。曹操斥杨修说，"军令未下，怎言退兵？"曹操以扰乱军心罪将杨修杀了。

杨修逞聪引祸，是为不智。

天南地北　8月29日

割席断交

东汉末期，有两位读书人，一位称管宁，一位称华歆。早年，两人是好朋友。

有一次，管宁华歆一起在园中锄菜。忽然，看见地上有块金子。管宁视之不见，华歆先是将金子捡了起来，想想，又再抛了出去。

又有一次，管宁华歆坐在同一张草席读书。听到门外喧闹，有人乘坐华美大轿经过。管宁读书如故，华歆却放下书，跑到外面看。管宁马上将草席割成两半，与华歆分坐，并说，"子非吾左也"。

有话就说　8月30日

有话就说

谁想成为生活的主人，谁就要有一颗平常的心。

告诉你，不闲着，就是生活的乐趣。

生活中的最大满足，在于你做了一件你认为应当去做的事。

摇曳的生活，在于你有一颗摇曳的心。倘若心不再摇曳，生活就静止了。

——选自陈燕松《品味人生》

有话就说

生活就像一本书，每一个人都是主人公。

只有活出自己，你才是生活的强者。

想说的话说不出，想做的事做不了，这就是生活的沙漠。

不与别人类比，但求享受自我。

生活的真实在于你的心里。说有了光，就有了光。说有了美，就有了美。

——选自陈燕松《品味人生》

每月名画

清明上河图

写实类代表作有宋张择端的《清明上河图》。这是国宝级的作品，就像一幅写实的宋朝市井图。

（宋）张择端清明上河图（局部）

钟繇《宣示表》

王羲之《黄庭经》

九月

每月诗词　9月1日

暮江吟

（唐）白居易

一道残阳铺水中，半江瑟瑟半江红。

可怜九月初三夜，露似真珠月似弓。

武夷山

（南宋）喻良能

冲佑观前水绀色，升真洞北山笋攒。

群峰不断四时翠，万壑长留九月寒。

溪上桃花引渔子，云间仙犬逐刘安。

平生饱识佳山水，直作东南第一看。

每月诗词　9月2日

凤栖梧

（南宋）程垓

九月江南烟雨里。

客枕凄凉，到晓浑无寐。

起上小楼观海气。昏昏半约渔樵市。

断雁西边家万里。

料得秋来，笑我归无计。

剑在床头书在几。未甘分付黄花泪。

若耶溪上

（南宋）陆游

九月霜风吹客衣，溪头红叶傍人飞。
村场酒薄何妨醉，菰正堪烹蟹正肥。

每月成语　9月3日

一言九鼎

公元前 260 年，秦军在赵国长平（今山西高平）把赵军打得大败。秦将白起乘胜挥师向赵都进击。次年，秦军包围邯郸，赵国危在旦夕。赵孝成王派平原君到楚国请兵救赵。

平原君到楚国后，从早到晚都在与楚国谈判出兵条件，没有结果。这时，平原君门客毛遂拔剑出鞘，走上前去，对平原君说："楚赵联合抗秦，谈了半天，怎么还不能定呢？"楚考烈王有些生气，便斥责毛遂说："你还不退下，我同平原君讲话，你来插嘴干什么？"毛遂抢前几步，对楚考烈王说："我听说过，商汤曾以七十里封地夺得夏桀天下；周文王姬昌也以百里封地灭掉殷纣。而今，楚地千里，将士百万，是最有资格做霸主的。楚国最需要联合抗秦，并不只有赵国啊！"在毛遂威逼之下，楚考烈王当即决定发兵救赵。

平原君回到赵国，感叹地说："毛遂至楚，而使赵重于九鼎大吕。"

由此引出"一言九鼎"这个成语。

菊花

菊花，植物分类学中是菊科、菊属多年生宿根草本植物。

菊花，中国十大名花，花中四君子（梅兰竹菊）之一，也是世界四大切花（菊花、月季、康乃馨、唐菖蒲）之一。

传说：

诗人陶渊明酷爱菊花。菊花经得起风霜摧折，象征高洁品格。陶渊明不满时政腐败，正与菊花精神契合。他辞官回到家乡隐居。"采菊东篱下，悠然见南山"，传颂至今。

古诗中的菊花：

过故人庄

（唐）孟浩然

故人具鸡黍，邀我至田家。

绿树村边合，青山郭外斜。

开轩面场圃，把酒话桑麻。

待到重阳日，还来就菊花。

狗母鱼

中文学名：长蛇鲻

地方名：狗母鱼

分类地位：硬骨鱼纲，仙女鱼目，蛇鲻属，狗母鱼科

形态特征：

1、体型：体长棒状，前部亚圆筒形，后部稍侧扁。

2、体色：鱼体背侧暗绿色，腹部颜色较浅。

生活习性：近海常见底层鱼类。摄食鱼类、甲壳类。

经济价值：经济鱼类。肉味肥鲜，可制咸干品。

每月一菜　9月6日

风格朴实·徽菜

晋宋之时，许多北方大族为避战乱南迁，定居安徽歙县。北方饮食文化结合皖南富饶物产，逐渐形成徽菜。

徽菜分为皖南菜、沿江菜和沿淮菜。

代表名菜有鹌鹑蛋烧肉、黄山臭鳜鱼、朱洪武豆腐等。

传说：奶汁肥王鱼

肥王鱼又称"淮王鱼""回王鱼"，为鱼中上品。西汉时，有人献给淮南王刘安。刘安取名"回黄"。因此称"回黄"为"淮王鱼"。寿县"回""肥"音近，故又称"肥王鱼"，为徽菜一绝。

名菜谱·鹌鹑蛋烧肉

原料：熟鹌鹑蛋 150 克，熟五花肉 220 克，青椒、红椒各 15 克，葱白、姜片、蒜末各少许。

调料：盐、味精各 3 克，白糖 5 克，老抽 4 毫升，生抽、料酒各 5 毫升，水淀粉 10 毫升，食用油适量。

白露

白露，是二十四个节气中的第十五个节气。一般在每年公历 9 月 8 日前后交节。"八月节，阴气渐重，露凝而白也。"故曰白露。

白露时节，天高云淡，令人心旷神怡。西风乍起，大雁南飞，似乎在告诉人们，仲秋了，天气已经转凉。

民间有"春茶苦，夏茶涩，要喝茶，秋白露"的谚语。白露茶味道独特，口感醇厚，有奇特的养生效果。

古时苏浙一带，乡下家家酿"白露酒"，用以招待客人。有人还将"白露酒"带进城中，或赠送，或经营。

月夜忆舍弟

（唐）杜甫

戍鼓断人行，秋边一雁声。

露从今夜白，月是故乡明。

有弟皆分散，无家问死生。

寄书长不达，况乃未休兵。

山居秋暝

（唐）王维

空山新雨后，天气晚来秋。
明月松间照，清泉石上流。
竹喧归浣女，莲动下渔舟。
随意春芳歇，王孙自可留。

夜雨寄北

（唐）李商隐

君问归期未有期，巴山夜雨涨秋池。
何当共剪西窗烛，却话巴山夜雨时。

花开满树红

（唐）龙牙禅师

朝看花开满树红，暮看花落树还空。
若将花比人间事，花与人间事一同。

秋前风雨顿凉

（南宋）范成大

秋期如约不须催，雨脚风声两快哉。

但得暑光如寇退，不辞老景似潮来。

酒杯触拨诗情动，书卷招邀病眼开。

明日更凉吾已卜，暮云浑作乱峰堆。

苏幕遮

（北宋）范仲淹

碧云天，黄叶地，秋色连波，波上寒烟翠。山映斜阳天接水，芳草无情，更在斜阳外。

黯乡魂，追旅思，夜夜除非，好梦留人睡。明月楼高休独倚，酒入愁肠，化作相思泪。

水调歌头·明月几时有

（北宋）苏轼

明月几时有？把酒问青天。

不知天上宫阙，今夕是何年。

我欲乘风归去，

又恐琼楼玉宇，高处不胜寒。

起舞弄清影，何似在人间。

转朱阁，低绮户，照无眠。

不应有恨，何事长向别时圆？

人有悲欢离合，月有阴晴圆缺，

此事古难全。

但愿人长久，千里共婵娟。

秋风秋月　9月12日

西江月·新秋写兴

（南宋）刘辰翁

天上低昂似旧，人间儿女成狂。夜来处处试新妆，却是人间天上。

不觉新凉似水，相思两鬓如霜。梦从海底跨枯桑，阅尽银河风浪。

丑奴儿·书博山道中壁

（南宋）辛弃疾

少年不识愁滋味，爱上层楼。爱上层楼，为赋新词强说愁。

而今识尽愁滋味，欲说还休。欲说还休，却道天凉好个秋。

平常足道

（宋）无门慧开

春有百花秋有月，夏有凉风冬有雪。
若无闲事挂心头，便是人间好时节。

虞美人

（南唐）李煜

春花秋月何时了？往事知多少。小楼昨夜又东风，故国不堪回首月明中。

雕栏玉砌应犹在，只是朱颜改。问君能有几多愁？恰似一江春水向东流。

人月圆

（元）张可久

三高祠下天如镜，山色浸空濛。莼羹张翰，渔舟范蠡，茶灶龟蒙。
故人何在，前程那里，心事谁同。黄花庭院，青灯夜雨，白发秋风。

浪淘沙

（近代）黄燮清

秋意入芭蕉。不雨潇潇，闲庭如此好良宵。月自缠绵花自媚，人自无聊。

别恨几时销？认取红绡，凤筝音苦雁书遥。醒著欲眠眠著醒，灯也心焦。

秋风秋月　9月15日

南楼令·秋怀次韵

（近代）夏孙桐

残叶下寒阶，秋风震旅怀。

话莼鲈、空自低回。

莽莽神州兵气亘，听不得，泽鸿哀。

夕照澹金台，销沉几霸才！

对霜天、尊酒悲来。

丛菊漫淹词客泪，偏多傍，战场开。

此中消息

（清）石涛

一叶一清静，一花一妙香。

只些消息子，料得此中藏。

苏东坡禅诗

（北宋）石涛

题西林壁

横看成岭侧成峰，远近高低各不同。

不识庐山真面目，只缘身在此山中。

观潮

庐山烟雨浙江潮，未至千般恨不消。

到得原来无别事，庐山烟雨浙江潮。

琴诗

若言琴上有琴声，放在匣中何不鸣？

若言声在指头上，何不于君指上听？

白居易禅诗

（唐）白居易

对酒诗（节选）

蜗牛角上争何事？石火光中寄此身。

随富随贫且随喜，不开口笑是痴人。

白云泉

天平山上白云泉，云自无心水自闲。

何必奔冲山下去，更添波浪向人间。

花非花

花非花，雾非雾，夜半里，天明去。

来如春梦不多时，去似朝云无觅处。

名寺楹联　9月18日

浙江普陀山普济寺天王殿

开头便笑，笑世间可笑之人；

大肚能容，容天下难容之事。

浙江七塔报恩禅寺

十方来，十方去，十方共成十方事；

万人施，万人舍，万人同结万人缘。

北京雍和宫

合大地成形，无非有为法；

与众生同体，应作如是观。

福州林阳寺

粥去饭来，莫把光阴遮面目；

钟鸣板响，常将生死挂心头。

名寺楹联　9月19日

兰州白塔寺楹联

剪一片白云补衲，邀半轮明月看经。

佛光山头山门楹联

问一声汝今哪里去？
望三思何日君再来！

峨眉千佛禅院楹联

一粒米中藏世界，半边锅里煮乾坤。

名人名言　9月20日

半半歌

（清）李密庵

看破浮生过半，半之受用无边。
半中岁月尽幽闲，半里乾坤宽展。
半郭半乡村舍，半山半水田园。
半耕半读半经廛，半士半民姻眷。
半雅半粗器具，半华半实庭轩。
衾裳半素半轻鲜，肴馔半丰半俭。
童仆半能半拙，妻儿半朴半贤。

心情半佛半神仙，姓字半藏半显。

一半还之天地，让将一半人间，

半思后代与沧田，半想阎罗怎见。

酒饮半酣正好，花开半时偏妍。

帆张半扇免翻颠，马放半缰稳便。

半少却饶滋味，半多反厌纠缠。

百年苦乐半相参，会占便宜只半。

——选自《谁最会享受人生》

名人名言　9月21日

吾得为人

天生万物，唯人为贵。

而吾得为人，是一乐也。

——选自《列子》

松柏与君子

岁不善，无以知松柏；

事不难，无以知君子。

——选自《荀子》

何为诗

（清）金圣叹

何为诗，诗者是心之声。可见之于妇人之心中，可见之于婴孩之心中，朝暮涌上心头，无时无刻不在心头。

每月节气 9月22日

秋分

秋分，是二十四节气中的第十六个节气。一般在每年公历9月23日前后交节。《春秋繁露》表述："秋分者，阴阳相半也，故昼夜均而寒暑平。"秋分日平分了整个秋季。

春种秋收，春华秋实。秋分既是秋收、秋耕、秋种的重要时节，也是秋高气爽、踏秋赏景的美好时节。2018年6月，国家将秋分之日设立为"中国农民丰收节"。

人们重视秋分，因此形成了送"秋牛图"、吃汤圆的习俗。岭南地区有秋分吃秋菜的习俗。秋菜即"秋碧蒿"，是一种野菜，将秋菜与鱼片一起"滚汤"，名曰"秋汤"。祈求平安健康。

夜喜贺兰三见访

（唐）贾岛

漏钟仍夜浅，时节欲秋分。
泉聒栖松鹤，风除翳月云。
踏苔行引兴，枕石卧论文。
即此寻常静，来多只是君。

名人名言　9月23日

快乐铭（节选）

（清）石天基

有书真富贵，无事小神仙；

随时皆好日，到处是桃源。

栽培心上地，涵养性中天，

情思犹梦幻，尘世等云烟。

潇洒因知足，宽平为听缘。

以此铭肺腑，福增寿更延。

人生四喜（节选）

（北宋）汪洙

久旱逢甘霖，他乡遇故知，

洞房花烛夜，金榜题名时。

名人名言　9月24日

司马温公家训

（北宋）司马光

积金以遗子孙，

子孙未必守；

积书以贻子孙，

子孙未必读。

不如积阴德于冥冥之间，

为子孙长久计。

此先贤之格言，乃后人之龟鉴。

名人名言　9月25日

幼学琼林

（明）程登吉

心多过虑，何异杞人忧天；

事不量力，不殊夸父追日。

韶华不再，吾辈须当惜阴；

日月其除，志士正宜待旦。

名人名言　9月26日

细检平生

（近代）严复

入我门来，

总须扪心纳手，

细检平生黑籍；

莫言神远，

任汝穷奸极巧，

难瞒头上青天。

宽容

张爱玲

因为爱过，所以慈悲；

因为懂得，所以宽容。

承担

在这个光怪陆离的人间，没有谁可以将日子过得行云流水。但始终相信，走过平湖烟雨，岁月山河，那些历尽劫数，尝遍百味的人，会更加生动而干劲。时间永远是旁观者，所有的过程和结果，都需要我们自己承担。

——选自《张爱玲的倾城故事》

秋天歌吟

陈燕松

一

一夜秋风吹老屋，半天黄叶落空林。

倘与明月长相伴，潇潇人生作歌吟。

二

秋风秋雨秋声远，寒江寒雪寒衣新。

我问黄昏可作颂，满目青山夕照明。

新诗欣赏 9月29日

风景

在一片青翠的草地上，站着一位稚童。稚童手牵着牛，头顶一轮刚刚浮上山岗的太阳。

在一拱古老的小桥上，站着一位少年。少年手撑着伞，倒影晃荡着映在桥下的河面。

在一湾金色的沙滩上，站着一位青年，青年目光如炬，眺望满眼舟橹的大海。

在一座墨绿的山上，站着一位壮年。壮年微驼着背，硬朗的肩膀与山尖一样高。

在一棵如羽如盖的榕树下，站着一位老年。老年的额头刻满沧桑，落日斜照在他的身上。

——选自陈燕松《梦见太阳》

独（节录）

想起少时，看到报纸的铅字，就想长大后当一名记者，写尽人间风情，写尽社会百态，以正直之笔，为卑者立传，为英雄壮色。

想起青年时，正是热血年华，想当一名当政者，为社会多架几座桥，为社会多造几条路，使世界道更宽、路更平。

而今，已届中年，一沟皱纹就是一片秋色。虽未暮深却偶也霜浓意重。惟独思时，一切尽可去想，一切尽可在想象中去做，你完全拥有一颗自由的心。

回归生命本真（节录）

"千江有水千江月，万里无云万里天。"人生有两件事最为重要。一件是活着，满足生存条件；另一件是快乐，活得有些滋味。人生所要，不用太多，弄清我们内心需要，其余皆可有可无，放下心灵负担，回归生命本真。

——选自陈燕松《俯仰看人生》

水彩画

水彩画，用水和透明颜料调作画。水彩色彩透明，需要层层覆盖，才能产生特殊效果。水彩画分为"干画"和"湿画"两种。

徐悲鸿水彩《双马图》

版画

　　版画通过制版和印刷程序而产生的作品。具体地说，用刀或化学药品，在木板、石头等板面雕刻或者蚀刻后印刷出来的图画。

中国美术馆馆藏作品

金农·漆书

伊秉绶·隶书"梅花草堂"横额

十月

国庆节

10月1日，为中华人民共和国国庆节。

1949年10月1日下午，毛泽东同志向全世界庄严宣告：中华人民共和国成立了！中国人民从此站起来了！中华民族进入一个崭新的历史阶段。毛泽东升起第一面五星红旗。与此同时，54门礼炮齐鸣28响。朱德总司令检阅了海陆空三军，并宣布《中国人民解放军总部命令》。随后，举行了盛大的阅兵式和群众游行。全国各地人民普天同庆，庆祝中国人民获得了解放、拥有了自由，屹立在世界的东方！

1949年12月2日，中央人民政府委员会第四次会议接受全国政协的建议，通过了《关于中华人民共和国国庆日的决议》，决定10月1日为中华人民共和国宣告成立的伟大日子，每年10月1日，为中华人民共和国国庆日。

中秋节

中秋节，农历八月十五，源自天象崇拜，是上古秋收祭月的遗俗。中秋习俗定型于唐朝，盛行于宋朝；至明清时，中秋已成为中国主要节日之一。中秋节自古便有赏月、拜月、吃月饼、赏桂花等习俗，流传至今。中秋节以月之圆兆人之团圆，寄托思念故乡、思念亲人之情。

传说：

中秋夜，月圆桂香，国人把它看作大团圆的象征。人们备上瓜果和月饼，边吃边赏月。"秋"字解释："庄稼成熟曰秋"。为庆祝丰收，表达喜悦，就以"中秋"作为节日。

古诗中的中秋节：

八月十五夜月（节选）

（唐）杜甫

满月飞明镜，归心折大刀。

转蓬行地远，攀桂仰天高。

水路疑霜雪，林栖见羽毛。

此时瞻白兔，直欲数秋毫。

每月诗词　10月3日

南乡子·十月海棠

（南宋）李石

十月小春天。红叶红花半雨烟。

点滴红酥真耐冷，争先。

夺取梅魂斗雪妍。

坐待晓莺迁。织女机头蜀锦川。

枝上绿毛幺凤子，飞仙。

乞与双双作被眠。

西江月·卜月谁云春小

（南宋）范成大

十月谁云春小，一年两见风娇。

云英此夕度蓝桥。人意花枝都好。

百媚朝天淡粉，六铢步月生绡。

人间霜叶满庭皋，别有东风不老。

每月诗词　10月4日

早冬

（唐）白居易

十月江南天气好，可怜冬景似春华。

霜轻未杀萋萋草，日暖初干漠漠沙。

老柘叶黄如嫩树，寒樱枝白是狂花。

此时却羡闲人醉，五马无由入酒家。

江月·十月晴江月

（清）施闰章

十月晴江月，微风夜未寒。

依人光不定，照影思无端。

少壮随波去，关河行路难。

平生素心友，莫共此时看。

每月成语 10月5日

闻一知十

孔子门生子贡（名赐），很有口才。孔子周游列国，子贡是随员之一，常去处理外交的事情。

齐国田常执政，准备征伐鲁国。孔子对弟子们说："鲁是我们祖国，现遭到危难，我们应当奋起保卫。"

子路自告奋勇，表示愿去齐国交涉。孔子不让他去；子张、子石表示愿去，孔子也不同意；子贡一提出，孔子立刻同意。子贡到了齐国，到了吴国、越国和晋国。这几个都是当时大国，子贡让他们互相混战。结果，齐国乱、吴国破、晋国强、越国称霸，而小小鲁国免除了危难、获得了太平。

子贡很有才干，孔子却认为他比颜回还是差些。颜回，字子渊，也称颜渊，鲁国人，聪明好学，生活俭朴，是孔子最喜欢的门生。子贡也承认不如颜回。

有一次，孔子故意问："赐，你同回哪个强些？"子贡答道："我怎敢同他相比，他闻一以知十；我闻一以知二。"

由此引出"闻一知十"这个成语。

每月一花 10月6日

芙蓉花

芙蓉花。锦葵科植物。花美，白天为白色或粉红色，一到夜间就变深红色。

传说：

五代后蜀皇帝孟昶，有妃子名"花蕊夫人"，特爱芙蓉花。孟昶为讨欢心，命成都尽种芙蓉，蔚若锦绣。广政十二年十月，孟昶携花蕊夫人一同登上城楼，观赏灿若朝霞的芙蓉花。成都自此称"芙蓉城"。后蜀灭亡，花蕊夫人被宋帝赵匡胤掠入后宫。花蕊夫人思念孟昶，珍藏画像。赵逼她交出画像，花蕊夫人坚决不从。赵一怒之下将她杀死。后人敬她爱情忠贞不渝，尊为"芙蓉花神"。芙蓉花又称"爱情花"。

古诗中的芙蓉花：

湘岸移木芙蓉植龙兴精舍

（唐）柳宗元

有美不自蔽，安能守孤根。

盈盈湘西岸，秋至风露繁。

丽影别寒水，秾芳委前轩。

芰荷谅难杂，反此生高原。

每月一鱼　10月7日

犁头鲨

中文学名：斑纹犁头鳐

地方名：犁头鲨

分类地位：软骨鱼纲，鳐目，犁头鳐科，犁头鳐属

形态特征：

体型：体平扁，头部犁形，体背面和腹面均具细盾鳞。

体色：背面褐色，腹面白色。

生活习性：暖温性底层鱼类。以小型底栖动物为主食。

经济价值：为优质食用鱼。肉经熏制后味佳。鳍可制鱼翅，价值较高。

趣闻：

鲨鱼具有敏锐嗅觉，1 米长的鲨鱼，嗅觉神经末梢面积可达 4800 厘米。

鲨鱼"四肢发达"，且"头脑聪明"，为捕猎高手。

每月节气　10 月 8 日

寒露

寒露，是二十四节气中的第十七个节气。一般在每年公历 10 月 8 日或 9 日交节。所谓寒露，就是"九月节，露气寒蝉冷将凝结也。"一到寒露，就进入秋后了。

寒露时节，秋高气爽。放眼望去，白云红叶，层林尽染，给人以无限惬意。江南地区，秋菊开得正盛，所以有"待到重阳日，还来就菊花"之说。此时，正是"菊黄蟹肥"之际，喜欢河鲜的自可大饱口福。

说到"寒露"，就自然要提到"重阳节"。重阳节在每年农历九月初九，又称"重九节"。寒露时节，重阳之日，登高望远，秋景尽收眼底，令人心旷神怡，浮想联翩。

池上

（唐）白居易

袅袅凉风动，凄凄寒露零。

兰衰花始白，荷破叶犹青。

独立栖沙鹤，双飞照水萤。

若为寥落境，仍值酒初醒。

璀璨夺目·东北菜

东北菜，指东北地区的烹饪菜种。

东北菜分吉菜、辽菜、龙江菜等。

代表菜有白肉血肠、猪肉炖粉条、小鸡炖榛蘑等。

传说：锅包肉

清朝末年，在哈尔滨的俄罗斯人较多。滨江道道台杜学瀛，常请他们吃饭，并吩咐主厨研制几道美食。

主厨研制一道新菜——"锅爆肉"。俄罗斯朋友吃了赞不绝口。俄罗斯人不能发"爆"的音，只能发"包"这个音，菜名就成了"锅包肉"。

名菜谱·锅包肉

原料：猪瘦肉600克，蛋黄1个，蒜末、葱花各少许。

调料：盐4克，鸡粉2克，陈醋4毫升，白糖3克，番茄酱15克，水淀粉5毫升，生粉、食用油各适量。

九歌·国殇

（战国）屈原

操吴戈兮被犀甲，车错毂兮短兵接。

旌蔽日兮敌若云，矢交坠兮士争先。

凌余阵兮躐余行，左骖殪兮右刃伤。

霾两轮兮絷四马，援玉枹兮击鸣鼓。

天时怼兮威灵怒，严杀尽兮弃原野。

出不入兮往不反，平原忽兮路超远。

带长剑兮挟秦弓，首身离兮心不惩。

诚既勇兮又以武，终刚强兮不可凌。

身既死兮神以灵，子魂魄兮为鬼雄。

家国情怀　10月11日

静夜思

（唐）李白

床前明月光，疑是地上霜。

举头望明月，低头思故乡。

黄鹤楼送孟浩然之广陵

（唐）李白

故人西辞黄鹤楼，烟花三月下扬州。

孤帆远影碧空尽，唯见长江天际流。

春望

（唐）杜甫

国破山河在，城春草木深。
感时花溅泪，恨别鸟惊心。
烽火连三月，家书抵万金。
白头搔更短，浑欲不胜簪。

悯农二首

（唐）李绅

一

春种一粒粟，秋收万颗子。
四海无闲田，农夫犹饿死。

二

锄禾日当午，汗滴禾下土。
谁知盘中餐，粒粒皆辛苦。

念奴娇·赤壁怀古

（北宋）苏轼

大江东去，浪淘尽，千古风流人物。

故垒西边，人道是，三国周郎赤壁。

乱石穿空，惊涛拍岸，卷起千堆雪。

江山如画，一时多少豪杰。

遥想公瑾当年，小乔初嫁了，雄姿英发。

羽扇纶巾，谈笑间，樯橹灰飞烟灭。

故国神游，多情应笑我，早生华发。

人生如梦，一尊还酹江月。

满江红·写怀

（南宋）岳飞

怒发冲冠，凭栏处、潇潇雨歇。

抬望眼，仰天长啸，壮怀激烈。

三十功名尘与土，八千里路云和月。

莫等闲，白了少年头，空悲切！

靖康耻，犹未雪。臣子恨，何时灭！

驾长车，踏破贺兰山缺。

壮志饥餐胡虏肉，笑谈渴饮匈奴血。

待从头、收拾旧山河，朝天阙。

家国情怀　10月16日

菩萨蛮·书江西造口壁

（南宋）辛弃疾

郁孤台下清江水，中间多少行人泪？

西北望长安，可怜无数山。

青山遮不住，毕竟东流去。

江晚正愁余，山深闻鹧鸪。

清平乐·独宿博山王氏庵

（南宋）辛弃疾

绕床饥鼠，蝙蝠翻灯舞。

屋上松风吹急雨，破纸窗间自语。

平生塞北江南，归来华发苍颜。

布被秋宵梦觉，眼前万里江山。

书愤

（南宋）陆游

早岁那知世事艰，中原北望气如山。

楼船夜雪瓜洲渡，铁马秋风大散关。

塞上长城空自许，镜中衰鬓已先斑。

出师一表真名世，千载谁堪伯仲间。

过零丁洋

（南宋）文天祥

辛苦遭逢起一经，干戈寥落四周星。

山河破碎风飘絮，身世浮沉雨打萍。

惶恐滩头说惶恐，零丁洋里叹零丁。

人生自古谁无死？留取丹心照汗青。

鹧鸪天·祖国沉沦感不禁

（近代）秋瑾

祖国沉沦感不禁，闲来海外觅知音。

金瓯已缺总须补，为国牺牲敢惜身！

嗟险阻，叹飘零。关山万里作雄行。

休言女子非英物，夜夜龙泉壁上鸣。

赴戍登程口占示家人

（清）林则徐

力微任重久神疲，再竭衰庸定不支。

苟利国家生死以，岂因祸福避趋之！

谪居正是君恩厚，养拙刚于戍卒宜。

戏与山妻谈故事，试吟断送老头皮。

屈原投江

屈原，战国后期楚国人，官至左徒（副宰相）。是我国历史上最早的爱国主义诗人。

屈原一生忧国忧民，为官清正。他坚持变法图强，主张联齐抗秦。结果屡遭陷害，被流放到沅湘流域。在流放的日子里，他彷徨江边，满腔悲愤。

由于朝廷腐败，奸佞当道，楚国国势日趋颓废。秦国渐渐强大，开始吞并六国。听到秦国攻占楚都郢城的消息，屈原救国壮志难酬，愤懑投汨罗江自尽。

屈原极富文学才赋，写了很多著名诗篇，如《楚辞》《天问》《九歌》《九章》等。"路漫漫其修远兮，吾将上下而求索"，成为人们追求真理的千古名句。

传说，听到屈原投江，百姓争先划着小船去救他。大家怕屈原落水后被鱼吃了，纷纷将米团子投入江中。认为鱼吃了米团子，就不会伤害屈原了。后来，人们将五月初五这日确定为"端午节"。划龙舟，吃粽子，就是为了纪念屈原的。

——选自陈燕松《新编古今故事》

历史故事　10月21日

苏武北海牧羊

苏武，西汉人，为中郎将。汉武帝时，他被委任为汉使，手持旌节，率队出使匈奴，宣扬汉匈和好的主张。

到匈奴后，因遇匈奴内乱，遭受牵连，被匈奴国王单于扣留。单于将苏武关在冰冷的地窖里，不给吃喝，不给取暖，百般折磨，企图逼他屈服，劝他归降。苏武肩负汉朝使命，一心报国，虽然饥寒交迫，受尽凌辱，但坚持不降。

后来，单于又将苏武流放到北海（今贝加尔湖），让他牧羊。并扬言：只要公羊生了小羊，就放苏武回国。公羊怎么会生小羊呢？这只不过是想长期监禁苏武罢了。苏武牢记使命，依然坚持不降。苏武北海牧羊十九年，受尽贫寒困苦，过着非人的生活。最后，他历尽千辛万苦，终于返回故土长安。

苏武北海牧羊，其爱国精神，其民族气节，其坚韧品格，一直为后人所敬仰。这个故事，穿越时空，一直传诵至今。

——选自陈燕松《新编古今故事》

历史故事　10 月 22 日

飞将军李广戍边

李广，西汉人。西汉时，匈奴经常侵犯边境，百姓流离失所，苦不堪言。李广年轻时就从军参加抗击匈奴，保卫国家。他说："国家有难，我自当奋勇向前。"在战斗中，他智勇双全，很快就成为一名出色的将军。

李广英勇无敌，善于带兵打仗，令匈奴闻风丧胆。一方面，他精于骑射，武艺超群；另一方面，他治军有方，爱护士兵。在李广的指挥下，汉军打了很多胜仗。"射虎穿石""追射匈奴"等传奇故事，广为流传。

匈奴称李广为"汉朝的飞将军"。听说李广驻守边境，便不敢入侵。王昌龄的《出塞》诗，"但使龙城飞将在，不教胡马度阴山。"说的就是李广。

这个故事告诉我们，爱国精神永远是历史的主旋律，永远值得人们坚守，永远值得人们称颂。

——选自陈燕松《新编古今故事》

每月节气　10 月 23 日

霜降

霜降，是二十四节气中的第十八个节气，也是秋季最后一个节气。一般在每年公历 10 月 23 日前后交节。古籍《二十四节气解》说，"气肃而霜降，阴始凝也"。从霜降起，天气渐冷，开始降霜。

霜降节气，对农业生产非常关键。有民谚说："霜降见霜，谷米满仓。"也有俗语说，"霜降播种，立冬见苗"，提醒农人不要耽误农时。

霜降时，也有不少习俗。杭州盛行祭旗迎神活动，绕街迎神，表演各种武术技艺，城里城外热闹非凡。有些地方，则有霜降时吃柿子的习俗，"霜降摘柿子，立冬打软枣。"

山行

（唐）杜牧

远上寒山石径斜，白云生处有人家。
停车坐爱枫林晚，霜叶红于二月花。

历史故事　10月24日

张良拜师

张良，秦末汉初人，韩国丞相的后代。秦始皇灭韩后，张良为了报仇，刺杀秦始皇未遂。为逃避追捕，在下邳躲藏起来。

一日，张良信步来到村边小桥，迎面遇见一个褐衣老人。那老人见张良上桥，端详了一番。突然，老人踢落鞋子，叫张良下桥去捡。张良捡鞋上桥，老人又叫张良替他穿鞋。张良二话没说，就半跪着为老人穿鞋。老人大笑说："你这个小子可教。五天后清晨，我们桥上再见。"

第六天清晨，张良来到桥上。老人已经等在桥上，一见他便生气地说："后生与老人相约，反而迟到，太不像话！得，五天后再见吧！"

又过了五天，雄鸡刚啼，张良急忙赶到桥上。老人早到了。老人又是生气，叫张良五天后再来。再过了五天，张良索性不睡，提前大半夜来到桥上。这一次，他比老人早到了。老人见到张良，高兴地说："这才像样。"说着，取出一部书交与张良，要张良回去之后细细阅读。张良刚要叩谢老人，可老人一晃就不见了。

从此，张良日夜诵读，反复研讨，终于精通文韬武略。后来，张良当了汉高祖刘邦的军师，辅助刘邦南征北战，夺取天下，建立了汉朝。

这个故事告诉我们，心诚则灵。只要谦谨虚心，勤奋好学，就必定能够收获成功。在现代社会，张良拜师，对我们仍有启示作用。

——选自陈燕松《新编古今故事》

每月节日　10月25日

重阳节

重阳节，农历九月初九，是中国传统节日。重阳节源于上古祭天帝、祭祖活动。唐代，重阳被正式定为节日，沿袭至今。重阳又称"踏秋"，与三月三日"踏春"一样，登高望远，插茱萸，赏菊花。自魏晋起，重阳气氛渐浓，文人墨客吟咏最多。

传说：

农历九月九日，是传统重阳节。也是敬老节。1989 年，中国把每年农历九月九日定为老人节。传统与现代结合，成为敬老、爱老、助老的节日。九九重阳，穿越历史而来，蕴含丰富内容。重阳节有秋游赏菊、佩插茱萸、登高祈福、祭神祭祖及饮宴求寿等习俗。传承至今，又添敬老等内涵。登高赏秋与感恩敬老，是重阳活动的两大主题。

古诗中的重阳节：

九月九日忆山东兄弟

（唐）王维

独在异乡为异客，每逢佳节倍思亲。

遥知兄弟登高处，遍插茱萸少一人。

历史故事　10 月 26 日

杨家将忠贞报国

北宋时期，有一个英雄家族，人称杨家将。杨家将忠贞报国、英勇杀敌的故事，在我国流传最广、影响最大。

当时，辽国强悍，常常南下入侵中原。北宋大将杨业，又叫杨令公，带领七个儿子，率兵奋勇抗敌。在战场上，杨令公的老大、老二、老三、老七等四个儿子英勇牺牲，老四流落他乡，老五被逼出家。杨业被虏不屈，绝食三日而死。唯第六子杨延昭幸存回国。

杨延昭被任命为三关统帅，长期为国镇守边关，立下赫赫战功。后来，杨延昭的儿媳穆桂英挂帅出征，智破天门阵，杀退辽兵进犯，为国建立奇功。再后来，辽兵又再进犯。令公夫人佘太君，不顾高龄，毅然再次请命，率领杨门女将，上阵杀敌。杨家满门忠烈，前赴后继，血战报国，确保了边境安宁。

杨家将的故事，千百年来被广为流传。杨家将成为忠勇爱国的典范。

——选自陈燕松《新编古今故事》

戚继光抗倭

明朝年间，日本海盗（倭寇）经常骚扰福建、浙江沿海地区，烧杀抢掠，无恶不作。沿海百姓深受其害，祸患连连。

明朝朝廷派戚继光率军到闽浙沿海驱逐倭寇。戚继光到福建泉州、漳州等地，兴建城堡，筑水操台，多次打败倭寇。倭寇闻风丧胆。凡戚继光率军驻扎的地方，倭寇都不敢滋扰生事。戚继光部队，被百姓称为"戚家军"，威名远扬。

戚继光英勇善战，治军极严。有一次，他的手下参将，侮辱了驻地一名村姑，致村姑悬梁自尽。百姓抬着尸体找戚继光告状。戚继光怒不可遏地说："这样的人，与倭寇有何差别？"立即将他斩首示众。

戚继光执法严明的故事，也流传下来。

这个故事告诉我们，治军与治国一样，都要执法严明。有纪律的部队，才有战斗力，才能打胜仗。

——选自陈燕松《新编古今故事》

黄道周忠烈节义

黄道周，字幼玄，号石斋，福建东山县人（原属漳浦县）。古代著名理学家、教育家、书法家。

黄道周家境贫寒，少时发愤读书，学富五车。长大后，科举得中，任过讲经官、谏议官等。黄道周一生忧国忧民，耿直忠介，曾上疏数十次，陈述政治主张。朝廷昏暗，他多次被贬，甚至坐过牢。他说："建言献策，规谏朝政，是我的职责。就是不可为，我也要为之。"

明末，清兵大举侵犯中原，疆土沦丧。南明小朝廷在福州成立。黄道周奉召任武英殿大学士（相当于宰相）。面对清兵进犯，他挺身而出，自募兵勇抗清，奋勇报国。"明知不可为而为之。"后被清兵所俘，宁死不降，壮烈就义于南京。

明末学者徐霞客评他，"字画为馆阁第一，文章为国朝第一，人品为海内第一，其学问直接周、孔，为古今第一。"后人称黄道周为"一代完人"，青史留名，广为传颂。

——选自陈燕松《新编古今故事》

历史故事　10 月 29 日

郑成功收复台湾

郑成功，明末抗清将领。隆武帝赐国姓朱，赐名成功，世称"国姓爷"。

1624 年，荷兰殖民主义者侵占中国台湾。青年将领郑成功忠勇报国，热血沸腾，决心在有生之年收复台湾，驱逐侵略者。

1661 年 3 月，郑成功经过多年准备，认为收复台湾时机已经成熟。他亲率将士两万五千人，分乘百艘战船，从福建金门出发。荷兰侵略者闻郑成功率军收复台湾，十分惊恐，急忙召集军队，集中在台湾东平、赤嵌（今台南）两座城堡。郑军乘海水涨潮将船驶进鹿耳门内海，主力从禾寮港登陆，侧击赤嵌城，切断与东平城堡联系。在战斗中，郑军以 60 艘战船围住荷军"赫克托"号战舰，并一齐发炮，将其击沉。与其同时，分兵击退了东平来援之敌。

经过八个月的围困、战斗，郑成功正义之师愈战愈勇，终于从荷兰侵略者手中收复了沦陷 38 年的中国宝岛台湾。

这个故事告诉我们，国家利益高于一切。要敢于英勇杀敌，维护国家尊严。

——选自陈燕松《新编古今故事》

历史故事　10 月 30 日

谭嗣同变法图强

谭嗣同，字复生，号壮飞，湖南浏阳人。近代政治家、思想家，维新派人士，为"戊戌六君子"之一。

谭嗣同勤奋读书，务求广博，好讲经世济民学问。少年时，仰慕侠士锄强济弱，杀尽天下不平。青年时，研究王阳明等人著作，深受影响，主张民主治政，呼号变法救国。他认为，必当实行社会改革，才能救亡图存。为此，谭嗣同到处抨击旧政，宣传变法，成为维新运动的激进派。

1898 年 7 月，清光绪帝征召谭嗣同进京，与康有为、刘光第等一起共同主持变法。变法启动，新政推行，令清朝顽固派惶惶不安。慈禧太后决定废黜光绪，扑灭新政，密令于同年 9 月发动兵变。谭嗣同奉命密会新军将领袁世凯，希望袁率兵入京，清除顽固派。但被袁出卖。变法遂告失败。

有人劝谭嗣同离开避难。谭嗣同铁骨铮铮，决不退缩。他说，我愿以我的头颅，唤醒四万万同胞。最后，英勇就义。

这个故事告诉我们，只有改革，才能发展。作为现代社会，应当加快推进改革开放事业。

——选自陈燕松《新编古今故事》

陈嘉庚办学

陈嘉庚先生，福建厦门人。现代爱国华侨，南洋侨领。他出身贫寒，早年家里日子过得相当清苦。青年时，为谋生计，远渡南洋。在南洋经商数十年。他仁义待人，诚信办事，生意越做越大，富甲一方。

抗战时期，面对民族危难，他主动捐献巨资，购买军事物资运回国里，全力支持祖国抗战。同时，他又发动南洋华侨，捐款捐物。并组织"南洋机工"，支持抗战事业。

陈嘉庚深知，教育乃为国之本。教育事业，对中华民族走向富强何等重要。于是，他坚定不移，潜心办学。他自筹巨额资金，在故乡办集美学村、办厦门大学，为国家培养了大量有用人才。陈嘉庚自身却生活俭朴，吃家常饭，穿普通衣服。后来，他将集美学校、厦门大学全部捐献给国家。

陈嘉庚支持抗战，倾心办学，图国家富强，被誉为"华侨旗帜，民族光辉"。

这个故事告诉我们，只有发展教育，民族才能富强。现代社会，教育事业于我们同样重要。

——选自陈燕松《新编古今故事》

油画

西洋画，西方艺术绘画的总称。较有名的是油画。

油画，用油剂调和颜料作画，一般在亚麻布、纸板和模板作画。油画稳定性强，颜色丰富不易褪色，保存时间久。

中国美术馆馆藏罗中立《父亲》

水粉画

　　水粉画，用水调和粉质颜料作画。运用得当，兼具油画的浑厚和水彩画的明快。

林风眠作品《鸡冠花》

王献之《玉版十三行》　　颜真卿《麻姑仙坛记》　　柳公权《玄秘塔碑》

十一月

渔家傲·十一月新阳排寿宴

（北宋）欧阳修

十一月新阳排寿宴。黄钟应管添宫线。

猎猎寒威云不卷。

风头转。时看雪霰吹人面。

南至迎长知漏箭。书云纪候冰牛妍。

腊近探春春尚远。

闲庭院。梅花落尽千千片。

渔家傲·十一月都城居暖阁

（元）欧阳玄

十一月都城居暖阁。吴中雪纸明如垩。

锦帐豪家深夜酌。

金鸡喔。东家撒雪西家嗟。

纤指柔长宫线弱。阳回九九官冰凿。

尽道今冬冰不薄。

都人乐。官家喜受新年朔。

冬至宿杨梅馆

（唐）白居易

十一月中长至夜，三千里外远行人。

若为独宿杨梅馆，冷枕单床一病身。

读陶集爱其致意于菊者八因作八首·八日松菊

（元）方回

种松今世见松老，种菊常年见菊开。

十一月霜花欲槁，巾车岂可更迟回。

十一月四日风雨大作

（南宋）陆游

一

风卷江湖雨暗村，四山声作海涛翻。

溪柴火软蛮毡暖，我与狸奴不出门。

二

僵卧孤村不自哀，尚思为国戍轮台。

夜阑卧听风吹雨，铁马冰河入梦来。

百川归海

刘邦孙子刘安，西汉思想家、文学家，袭父封为淮南王。他爱好读书，才思敏捷，曾召集数千懂得兵法、天文、医学、历算的人，集体编写一部数十万字的书《鸿烈》，也称《淮南子》。有一篇《记论训》，讲述人类社会发展的情况。

我们的祖先早先住在山洞里和水旁边，衣着简陋，生活艰苦。后来出了圣人，带领人们建造宫室，人们才从山洞里走出来，住进可以躲避风雨的房子。圣人又教人制造农具、兵器，用来耕作和捕猎，使人们生活有了保障。后来，圣人又制礼作乐、定出规矩，使人们有了礼节和约束。

由此可见，社会是不断发展的，人们不是老用一种方式生活。所以对古时候的制度，如果不再适合使用，就应该废除；而对于现在的，如果适合使用，就应该发扬。使千百条来自不同源头的江河，最后都流入大海。各人做的事不同，但都为了更好服务社会，过更美好的生活。

由此引出"百川归海"这个成语。

水仙花

水仙，又名中国水仙，为石蒜科多年生草本植物。

水仙已有千年历史，为观赏花卉。中国十大名花。

康熙后期，水仙种植转移到福建。乾隆以后，漳州成全国水仙种植、贸易主要地区。水仙为漳州市花、福建省花。

传说：

水仙是尧帝女儿娥皇、女英的化身。她们二人同嫁给舜，姐姐为后，妹妹为妃，三人感情甚好。舜在南巡驾崩，娥皇与女英双双殉情于湘江。上天怜悯两人至情至爱，便将魂魄化为江边水仙，她们成为水仙花神。

古诗中的水仙花：

王充道送水仙五十枝

（北宋）黄庭坚

凌波仙子生尘袜，水上轻盈步微月。

是谁招此断肠魂，种作寒花寄愁绝。

含香体素欲倾城，山矾是弟梅是兄。

坐对真成被花恼，出门一笑大江横。

每月一鱼　11月5日

红瓜鱼

中文学名：大黄鱼

地方名：红瓜鱼、黄花鱼、黄瓜

分类地位：硬骨鱼纲，鲈形目，石首鱼科。

形态特征：

体型：体延长，侧扁，背缘腹缘弧形，尾柄细长。

体色：鱼体背部黄褐色，腹侧金黄色，各鳍黄色。

生活习性：暖水性集群洄游鱼类。食性广。

经济价值：中国养殖规模最大的海水鱼类。

趣闻：

大黄鱼属石首鱼科，耳内有"听石"。生活在海底的大黄鱼，接收到剧烈敲击声波时，耳石震荡较剧烈，加剧身体失衡，引起"晕倒"。所以大黄鱼又被称为"会晕倒的鱼"。

每月一菜　11月6日

璀璨夺目·上海菜

上海菜是主要地方风味菜。本帮菜是上海菜别称。

代表菜有上海油爆虾、虾籽大乌参等。

传说：虾籽大乌参

20世纪20年代，洋行街是上海最热闹的商业中心之一。其中，海味行经营的海参身价不菲，但销路不佳。于是就与近邻德兴馆饭店商量，愿意无偿提供海参，请厨师试制菜肴，以作宣传。后烹成一道"红烧大乌参"，食者无不拍案称绝，风靡上海滩。后来，厨师又加上干河虾籽作配料，与红烧肉卤汁共同焖烧，味道更加鲜美，菜名改为"虾籽大乌参"。

名菜谱·上海油爆虾（沪菜）

原料：基围虾110克，姜片、葱花、葱段各少许。

调料：盐、鸡粉各2克，白糖3克，料酒、生抽、水淀粉各5毫升，食用油适量。

立冬

立冬，是二十四节气中的第十九个节气，也是冬季的第一个节气。一般在每年公历11月7日或8日交节。《孝经纬》曰："斗指乾，为立冬，冬者，终也，万物皆收藏也。"它告诉我们冬季自此开始，天地万物都趋于休止，开始养精蓄锐，为春季的勃发做准备。

立冬是古代社会重要的节气。立冬后，起居调养以"养藏"为主。民谚有云："立冬补冬，补嘴空。"北京天津喜欢吃"饺子"，东北西北喜欢进补牛、羊、狗肉，南方地区则大都进食鸡、鸭等。忙碌一年，犒劳自己，也属正常。

立冬

（唐）李白

冻笔新诗懒写，寒炉美酒时温。
醉看墨花月白，恍疑雪满前村。

古人类文化遗址与地理环境

古人类文化遗址的形成是和当时各地较为优越的地理环境分不开的，适于古人类生活的地方大多水草丰美，气候适宜。

例如，河姆渡遗址位于长江下游地区，河湖泥沙沉积土壤肥沃，为原始农业的产生提供了良好的条件。遗址附近水源丰富，适合需要水的稻作物生长，这里普遍发现稻谷、稻壳、稻秆、稻叶的遗存，是中国水稻栽培起源的最佳例证。在长江流域发现的其他古人类文化遗址还有马家浜、崧泽、良渚等文化遗址。

黄河中下游的关中平原和晋南、晋东南、豫西的河谷地区，这里除了主流外，还有一些大型支流，如渭河、汾河、洛河、沁河等。这些河流大多具有宽阔的谷地，谷地由河水冲积而成，地势平坦，土壤肥沃，又有近河水利，便成为农耕区域和古人类聚居的地方，文化发达。如仅在黄河流域的关中地区，就已发现了400多处仰韶文化的遗址。

中国地理　11月9日

中国主要山脉

中国的山脉按走向可分为如下几种主要类型：

东西走向的山脉主要有天山—阴山—燕山、昆仑山—秦岭—大别山和南岭。这些山脉都是中国地理上的重要界线。例如阴山构成内蒙古高原的边缘，天山是南疆与北疆的分界，昆仑山是南疆与西藏高原的界线，秦岭是长江和黄河、淮河水系的分水岭，南岭是珠江与长江水系的分水岭。

南北走向的山脉主要有贺兰山、六盘山和横断山脉等。川西、滇北的横断山脉由许多条成束的南北向断裂夹着非常紧密的褶皱组成，地貌上为一系列平行的高山和深谷，高差极大。

西北—东南走向的山脉主要分布在中国的西部，山体受华西式构造体系的控制，形成一系列大型褶皱山地，发育了现代冰川，为西北干旱地区的重要水源地。主要有准噶尔山地、祁连山、巴颜喀拉山等，其中巴颜喀拉山是长江与黄河的分水岭。

中国四大高原

青藏高原位于中国西部及西南部，主要包括西藏、青海、四川西部、云南西北部、甘肃西南部和新疆南部山区，在昆仑山、祁连山、横断山和喜马拉雅山之间。青藏高原地势高，平均海拔4000米以上，多雪山冰川，是世界上海拔最高的大高原。

内蒙古高原是蒙古高原的一部分，位于阴山山脉的北部，大兴安岭以西向西延伸到祁连山。内蒙古高原地势起伏缓和，山脉少，南高北低，西部多戈壁、沙漠，东部多草原。

黄土高原是由大面积黄土覆盖的高原，位于秦岭以北、内蒙古高原以南、太行山以西、祁连山以东，包括山西、陕西北部、甘肃中东部及宁夏东南部和河南西部。黄土高原因地面覆盖厚厚的黄土层而得名，是世界上面积最大的黄土分布区。由于黄土质地疏松和干旱导致植被稀少，水土流失严重，高原上地表破碎，沟壑纵横。

云贵高原位于中国的西南部。包括云南东部、贵州省大部分地区、广西壮族自治区西北部、四川和重庆南部地区。云贵高原西高东低，地势崎岖不平，高原上石灰岩分布广，多典型的喀斯特地貌。

中国三大平原

中国的三大平原分布在中国东部地势第三级阶梯上。位置、成因、气候条件等的不同造成地形上各具特色。

东北平原又称松辽平原。位于中国东北部，大、小兴安岭和长白山环绕西北和东部，南临渤海。东北平原是中国最大的平原，海拔200米左右，地表广泛分布着肥沃的黑土，地势坦荡，沃野千里。

华北平原位于燕山以南，黄河下游以北，西起太行山和豫西山地，东临黄海、渤海。华北平原海拔多在50米以下，地表平坦，河湖众多，交通便利。

长江中下游平原，由长江及其支流的泥沙冲积而成，东西延长呈狭长形。长江中下游平原的东部大部分地区海拔10米以下，地势低平，河网纵横，湖荡密布，向有"水乡泽国"之称，是中国著名的"鱼米之乡"。

中国地理 11月12日

中国四大盆地

四大盆地基本分布在地势的第二级阶梯上，由于所处位置不同，其特点也不同。

塔里木盆地是中国最大的内陆盆地，位于新疆南部、天山和昆仑山之间。塔里木盆地四周被高山环抱，是大型的封闭形山间盆地，盆地内比较平坦，沙漠广布，盆地中的塔克拉玛干沙漠是中国最大的沙漠，也是世界上第二大流动沙漠。

准噶尔盆地位于新疆北部，南与塔里木盆地被天山相隔，北止于阿尔泰山，为中国第二大盆地。准噶尔盆地呈三角形，盆地内多风蚀地形，沙漠面积较小。

柴达木盆地位于青海西北部，自西北向东南倾斜，是中国地势最高的盆地，盆地内大部分为戈壁、沙漠，东南多盐湖、沼泽。

四川盆地位于四川省和重庆市境内，盆地四周被巫山、大娄山、秦岭、大巴山以及川西高原环绕。四川盆地是中国著名的红层盆地，是中国各大盆地中形态最典型、纬度最低、海拔最低的盆地。

中国地理　11月13日

中国之江

　　长江是中国的第一大河，也是世界著名大河之一，它全长6300千米，流域面积180余万平方千米，占中国陆地总面积的近1/5。长江支流众多，构成庞大的水系。由于长江流域面积广大，而且又处于中国亚热带季风区，降水充沛，所以水量十分充足。就径流量而言，长江仅次于南美洲的亚马孙河和非洲的刚果河，居世界第三位。

　　珠江是中国南方的大河之一，流域面积为44.2万多平方千米，约为长江的1/4，但因处于中国降水最丰沛地区，径流量高达3380亿立方米，约占全国径流总量的12.5%，接近于长江径流量的1/3，在中国河流中居第二位。

　　黑龙江支流有200余条，其中以松花江为最大。黑龙江的径流总量为2709亿立方米，居中国河流径流量第三位。

　　雅鲁藏布江径流总量为1167亿立方米，居全国第四位。

　　黄河全长5464千米，为中国第二大河。但因其大部径流在半干旱地区，地表产水量少，径流相当贫乏，在中国大河中居第八位。

中国湖泊

东部和中部的淡水湖泊：

中国东部和中部地区的湖泊，大都是吞吐性的淡水湖泊，含盐度一般在1‰以下。湖盆浅平，平均水深一般在4米以内。其中，属于河迹湖、牛轭湖的如长江沿岸的湖泊；属于海迹湖的如华北平原的七里海等；属于洼地湖的如华北平原的白洋淀、文安洼，淮河中游的城东湖、城西湖、瓦埠湖等。还有一些湖泊，其形成与构造运动的沉陷或断裂有关，如洞庭湖、鄱阳湖，云南的滇池、洱海、抚仙湖等。

西北干旱区的内陆湖泊：

中国西北干旱区的湖泊大都是河流尾闾汇集于洼地而成的内陆湖。由于气候干燥，蒸发强烈，湖水矿化度高，多为咸水湖或盐湖。如内蒙古的吉兰泰盐湖，柴达木盆地的察尔汗盐湖、茶卡盐湖等都是著名的产盐湖泊。内蒙古东部的呼伦湖是内蒙古草原最大的微咸水湖。

青藏高原的湖泊：

青藏高原是中国湖泊分布集中的地区之一，主要分布在喜马拉雅山以北的藏南高原及冈底斯山、念青唐古拉山以北与昆仑山脉之间的藏北羌塘高原上。青藏高原上较大的湖泊大多由冰川作用或泥石流阻塞而成。除藏东南外流湖泊为淡水湖外，绝大多数为内陆咸水湖或半咸水湖。高原上最大的湖泊是青海湖，面积4635平方千米，最大水深28.7米，是中国内陆第一大湖，也是中国最大的咸水湖泊。

中国酒类

中国酒类繁多，主要有白酒、黄酒、果酒、啤酒、药酒等。

白酒，以各种含淀粉糖分原料、酒曲、酒母、水等，经过糖化发酵，用蒸馏法制成的高浓度酒，为35—60度。如茅台、五粮液、剑南春等。

黄酒，中国最古老的饮料酒，也是中国特有的酿造酒。多以糯米为原料，也可用粳米、籼米等为原料，蒸熟，加入专门酒曲，经发酵后压榨而成。如古越龙山、加饭酒等。

果酒，以葡萄酒为代表。我国葡萄酿酒历史悠久，汉代西域地区就以酿葡萄酒驰名。唐朝时，因为与西域交流频繁，饮葡萄酒之风颇盛。唐诗有"葡萄美酒夜光杯"之名。如长城、张裕等。

啤酒，采用发芽谷物作原料，经磨碎发酵等工序酿制。在古代，有类似啤酒的酒精饮料，古人称为"醴"。清代末期，国外啤酒生产技术引入我国。如青岛啤酒、珠江啤酒等。

药酒和滋补酒，通常用白酒、葡萄酒为溶液，在酒中加入中草药。如十全大补酒、三鞭酒等。

中国名酒

茅台酒，产于遵义市茅台镇，酿酒历史悠久。早在明代，酿酒工艺就已初步形成，到清乾隆年间迅速发展。茅台酒选用优质高粱为原料，小麦制曲，采用传统独特工艺精心酿造，并经长期窖藏而成。酱香型酒。

五粮液，产于四川宜宾，原名"杂粮酒"，用饭米、糯米、玉米、高粱、小麦五种粮食精心酿制而成。1916 年获巴拿马国际博览会名酒金质奖。1929 年，清代举人杨惠泉嫌其名不雅，便改名为"五粮液"。浓香型酒。

泸州老窖，产于四川泸州，曾在巴拿马国际博览会上得奖。泸州老窖特曲的"老窖"二字，是因为它的成名与用陈年老窖发酵有关。浓香型酒。

古井贡酒，产于安徽省亳州。明万历年间，被作为名产进贡，一直延至清代都列为"贡品"，遂得名"古井贡酒"。浓香型大曲酒。

剑南春，产于四川绵竹。唐代，人们以"春"名酒，绵竹位于剑山之南，故名"剑南春"。浓香型酒。

汾酒，产于山西汾阳县杏花村。唐代已有盛名，"借问酒家何处有？牧童遥指杏花村"写的就是此酒。清香型酒。

壶中日月　11 月 17 日

中国酒的发明

据传，酒的发明也相当偶然。有一次，杜康把剩饭放在空桑之中，日子久了，饭自然发酵，散发出一种芬芳的气味，并流出一种液体。杜康取而饮之，感觉其味甘美。杜康受此启发，发明了酒。

所谓空桑，即树心被朽空的桑树。据古代文献记载，洛阳伊水流域有一个地名叫空桑涧，可能与空桑有关。杜康酿的酒称秫酒，即酿酒原料以黑秫为主。黑秫是高粱的一种，它野生于洛阳山区，上古先民把它培育成一种重要农作物。

杜康善于酿酒，酿制工艺颇为讲究。《杜康纪闻》记载之"五齐六法"，据说就是杜康酿酒秘方。民间传唱的一首酒歌，传说为杜康所创，歌词称："三更装糟糟儿香，日出烧酒酒儿旺，午后投料味儿浓，日落拌粮酒味长。"

壶中日月　11 月 18 日

酒令

"袖里乾坤大，壶中日月长"。人在社会生活中都要直接或间接地与酒搭上关系。这种关系的物化表现就是酒趣。酒趣寓于酒令之中，是酒文化精粹。

春秋战国时代，酒令就出现在黄河流域的宴席。酒令分俗令和雅令。猜拳是俗令的代表，雅令即文字令，通常在文化人之间流行。白居易曰："闲微雅令穷经吏，醉听新吟胜管弦。"他认为，酒宴雅令要比乐曲佐酒更有意趣。文字令包括字词令、谜语令、筹令等。

酒令是酒与游戏的结合物。如春秋战国时投壶游戏，秦汉之间"即席唱和"等，都是一种酒令。西汉时，吕后曾大宴群臣，命刘章为监酒令，刘章请以军令行酒令。席间，吕氏族人有逃席者，皆被刘章挥剑斩首。此即为"酒令如军令"的由来。唐宋是中国古代最会玩的朝代，酒令当然也丰富多彩。白居易便有"筹插红螺碗，觥飞白玉卮"之咏。酒令在明清两代更上一层楼，五花八门、琳琅满目。

天南海北　11 月 19 日

林语堂演讲

一

林语堂是一个大作家，讲话以幽默见称。

他侨居美国时，纽约某林姓富豪举办林氏宗亲会，邀请他去演讲，希望借此宣传宣传林氏祖先。

林语堂一上台，侃侃而谈，"姓林的可谓人才济济，英杰辈出。商朝承相比干，据说姓林。武术家有《水浒传》里的林冲；旅行家有《镜花缘》里的林之洋；女才子有《红楼梦》里的林黛玉。大家知道，美国总统林肯，也是姓林的"

二

有一次，某一大学邀请林语堂去演讲。不知何故，将他排在最后一个。待轮到他演讲时，离下课时间只有三分钟。

林语堂不紧不慢地走上台去，说："我今天的演讲，只讲一句话，演讲嘛，应当像女人的裙子，越短越好。"

全场愕然。又过几秒钟，全场起立鼓掌。

天南海北　11月20日

渐至佳境

顾恺之吃甘蔗，都是从甘蔗梢开始吃。别人问他为什么，他说："渐渐进入美好的境界。"

衣不经新，何由而故

桓冲不喜欢穿新的衣服。有一次，他洗完澡后，妻子叫仆人送了新衣服给他穿。桓冲非常生气，斥责仆人拿回去。

妻子又让仆人再拿回来，并让仆人传话说："衣服不经过新的，如何变成旧的呢？"桓冲听后大笑，穿上了新衣服。

宁做我

桓温年少时和殷浩齐名，常常有争胜之心。桓温问殷浩说："你与我相比如何？"殷浩说："我与我相处已久，我宁做我自己。"

——选自《世说新语》

活在当下

有一个出家人，叫文益。他向桂琛禅师学禅。

禅师将文益带到院中，指着一块石头，问："你且说说，这块石头是在心内，还是在心外？"

文益答："在心内。"

禅师问："一个四处行走的人，为什么要在心里安放一块大石头呢？"

文益无语。

禅师又说："你平时常说，'三界由心生，万物因识起'。我说，若论佛法，一切现成。无论如何，活在当下。"

——选自洪应明《菜根谭》

宠辱不惊，闲看庭前花开花落；

去留无意，漫随天外云卷云舒。

——选自洪应明《菜根谭》

小雪

小雪，是二十四节气中的第二十个节气。一般在每年公历11月23日前后交节。"十月中，雨下而为寒气所薄，故凝而为雪。"可以看出，小雪就是初冬的开始。

小雪时节，南方各地不会太冷，依然是劳作的时候。农谚云："早晚上了冻，中午还得耕。""地不冻，犁不停。""趁地未冻结，浇麦不能歇。"

民间有"冬腊风腌，蓄以御冬"的习俗，很多地方开始腌制腊肉准备过年。在南方一些地方，则还留有农历十月吃糍粑的习俗。有俗语说，"十月朝，糍粑碌碌烧"。

问刘十九

（唐）白居易

绿蚁新醅酒，红泥小火炉。

晚来天欲雪，能饮一杯无？

天南海北　11月23日

问解脱苦恼之法

有一个人，被苦恼缠身，到处寻问解脱之法。

有一次，遇一牧童骑在牛背，横着吹笛，样子很是快乐。忙偷着学习，结果无济于事。

不久，遇一修炼老叟，向老叟请教解困之法。

老叟问："有谁捆住你了吗？"

答："没有。"

老叟笑着说："既无捆住，何来解脱呢？"

他蓦然醒悟。

——选自洪应明《菜根谭》

此心常放在闲处，荣辱得失谁能差遣我？

此心常安在静中，是非利害谁能瞒昧我。

——选自洪应明《菜根谭》

自惕语

（明）黄宗羲

以祸福得失付于天，
以赞毁予夺付于人，
以修身立德付于己。

刘秀不忘老朋友

刘秀，字文叔，东汉王朝开国皇帝。刘秀在位33年，大兴儒学，推崇气节。东汉一朝也被后世史家称为中国历史上"风化最美，儒学最盛"的时代。

刘秀是个重友情的人。青年时期，他豪爽慷慨，结交了一大帮朋友，大家都很谈得来。当皇帝后，他依然如故，没有忘记贫贱朋友。一天，他把故交严光请到东汉都城洛阳。严光很有学问，性格清高，做事有自己的主张。刘秀劝说严光做官，被严光当面拒绝。刘秀贵为九五之尊，并没因严光的态度生气。他认为，各人有各人的选择，各人有各人的活法。因此没有勉强严光。他与严光两人，天南地北一直聊到深夜。聊后，像青年时代一样睡在一张床上，相抵而眠。刘秀不忘老朋友，确实值得钦佩。

这个故事告诉我们，做人不能忘本。尤其要学会尊重他人的选择。人生在世，不要以己度人，不要以人度己，更不要勉强他人。

反过来想想

一对老人，养了两个女儿，一个做雨伞，一个做布鞋。天晴时，老人担心雨伞生意不好。下雨时，老人又担心布鞋卖不出去。两人唉声叹气，天天烦恼。

一位路人听了老人的话，说："你们反过来想想，下雨时，雨伞好卖；天晴时，布鞋好销。两个女儿，两种生意，总有一好，有啥不开心的呢？"

盐

我说："盐的功用，若只在调味，那就不配称为盐了。"

——选自《许地山散文》

中药文化　11月27日

神农：医药之祖

神农，即炎帝，后世尊称为"医药之祖"。他遍尝百草，发现了药草的疗疾功效。这些药草知识不断得到后人的验证，逐步以书籍的形式记载流传下来，成为了中药巨典——《神农本草经》。

《神农本草经》首次提出了"君臣佐使"的方剂理论，指出草木之滋有酸、咸、甘、苦、辛五味，察其寒、温、平、热四气，辨其君、臣、佐、使之义，践行"药有阴阳"理论，成为中医药药物学理论发展的源头。

李时珍名字的来历

传说，李时珍出生那天，他的父亲正在雨湖打鱼。连下几网，均一无所获。最后一网拉了起来，竟是一块石头。

李时珍父亲叹道："石头呀石头，叫我愁上加愁。"石头忽然开口说："不愁，不愁。先生娘子正要临产，已有好事到来。"原来，这石头是雨湖神。

他急忙赶回家，正好李时珍刚刚生下，于是起名叫石珍。当晚，又做了一个梦，梦见仙人铁拐李前来道喜，说："时珍时珍，百病能诊。做我高徒，传我名声。"李时珍父亲将"石珍"改为"时珍"。

人生与人参

人参最早叫人生。相传，深秋时节，有两个兄弟进山打猎。遇大雪封山，被堵在山洞里。

过了好多天，雪依然没停。兄弟俩带来的粮食吃光了。咋办？兄弟俩有点慌了。忽然发现，洞里长了些野生植物。急忙扒开，有一种植物的根茎很像人形。试尝一下，味道有点甜。于是，他们挖了一些，既当粮食，又当水果。

终于，又过好多天，冰雪消融，兄弟俩高兴地回家了。出山洞时，随手挖了一些他俩吃的植物根茎回家。

村里人看到他们还活着，而且又白又胖，很是奇怪，忙问经过。兄弟俩将这事说了，还把带回来的植物茎分发给乡亲们。大家都不知道这种植物名字。有位白须老叟说："这东西像人，又救过兄弟俩的生命，就叫人生吧。"

后来，人们把人生改称为"人参"。

吕洞宾买药

传说八仙中的吕洞宾，走过一家药店，见店外悬挂一块大招牌，上书"万药齐全"。他想与店家开开玩笑，于是，他把要买的四味药写成一首诗，让店员抓药。诗云：

游子思亲一钱七，举目无亲七钱一。

夫妻相爱做药引，有儿无娘二三厘。

店家有位 16 岁的女儿，拿过药诗略一思索，就取出四味中药给吕洞宾。吕洞宾一看，连连点头，很是佩服。

这四味中药分别是：茴香、生地、蜂蜜、黄连。

漆画

漆画，以天然大漆为主要材料的绘画。漆画是当代中国画坛的新生画种，也是中国民族绘画的新创造。

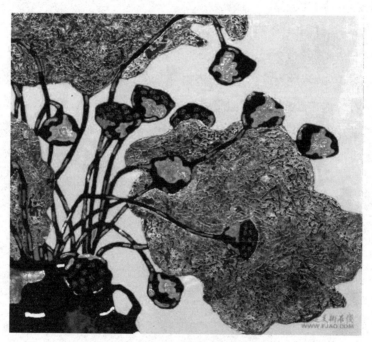

汤志义漆画作品

孟煩預議賜謚大覺以
言乎師之體普慈以言
乎師之用廣照以言慧
光之所照臨無上以言
為帝者師既奏有

赵孟頫《妙严寺碑》

十二月

见薛大臂鹰作

（唐）高适

寒楚十二月，苍鹰八九毛。

寄言燕雀莫相啅，自有云霄万里高。

腊月三日

（北宋）孔武仲

寒窗劲色晓罩罩，又见京华腊月三。

官渡梅花应照水，香清回首忆江南。

腊月九日雪三绝句（其一）

（北宋）苏辙

天公留雪待嘉平，飞霰来时晓未明。

病士拥衾催暖酒．闭门不听扫瑶琼。

十二月十五夜

（清）袁枚

沉沉更鼓急，渐渐人声绝。

吹灯窗更明，月照一天雪。

忆长安·十二月

（唐）谢良辅

忆长安，腊月时，温泉彩仗新移。

瑞气遥迎凤辇，日光先暖龙池。

取酒虾蟆陵下，家家守岁传卮。

每月成语　12月3日

一字千金

公元前246年，正值战国末年，群雄纷起。大商人出身的卫国濮阳（今属河南）人吕不韦，由于帮助秦王嬴政的父亲获得王位有功劳，担任秦相国要职。并被嬴政称为"仲父"（即次父的意思）。

那时候，收养门客的风气盛行，吕不韦也养有三千门客。在这些门客中，各种各样的人都有，不少人也真有些才学。于是，吕不韦就命令他们博采众家之说，汇聚众家之智，编撰了一本名叫《吕氏春秋》的书。

为扩大自己的影响，提高自己的声誉，吕不韦令人把《吕氏春秋》这部书全书公布在秦国都城咸阳城门楼上，并悬挂重赏。下令说："谁要是能够增加或减少书中的一个字，便赏赐千金（秦时二十两铜为一金）。"此重赏是真是假，没人敢挺身一试。但慑于吕不韦权势，谁也不敢去动一个字。

由此引出"一字千金"这个成语。

每月一花　12月4日

梅花

梅花，小乔木，稀灌木。梅花原产中国南方，已有三千多年历史。

梅花是中国十大名花之首，与兰花、菊花、翠竹列为四君子，与松、竹并称"岁寒三友"。梅开百花之先，独天下而春。

传说：

梅花是中华民族的精神象征。梅花坚韧不拔，不屈不挠，奋勇当先，自强不息。上至显达，下至布衣，皆对梅花深爱有加。"文学艺术史上，梅诗、梅画数量之多，足以令任何一种花卉都望尘莫及。"

古诗中的梅花：

卜算子·咏梅

（南宋）陆游

驿外断桥边，寂寞开无主。

已是黄昏独自愁，更著风和雨。

无意苦争春，一任群芳妒。

零落成泥碾作尘，只有香如故。

每月一鱼　12月5日

虾虎鱼

中文学名：鰕鯱鱼科

地方名：侏儒虾虎鱼、寻常虾虎鱼

分类地位：硬骨鱼纲，鲈形目，鰕鳉鱼科

形态特征：虾虎鱼最突出的形态特点就是腹鳍并成一体，形成了一个吸盘样的结构。这种结构能够使虾虎鱼紧紧吸附在岩石上不被潮水冲走。

生活习性：虾虎鱼分布在除南极、北极外的世界各沿岸水域，特别是在热带和亚热带水域，数量最多，一些种类还能适应淡水生活。

经济价值：虾虎鱼是鱼类中最大的家族，种类达到 2100 多种。尽管虾虎鱼本身不是人们的重要食物来源，但它们是许多经济型鱼类的重要食粮。

每月节气　12月6日

大雪

大雪，是二十四节气中的第二十一个节气，一般在每年公历 12 月 6 日或 7 日交节。古人说，"大者，盛也，至此而雪盛也"。

人们常说"瑞雪兆丰年"。严冬时节，皑皑白雪覆盖大地，为农作物创造越冬环境。"今年麦盖三层被，来年枕着馒头睡。"大雪节气，越冬作物要注意防寒保暖。

大雪时节，银装素裹，人们喜欢在冰天雪地赏玩雪景。有的地方，则遇雪开筵席，塑雪狮，装雪灯，以会亲友。清代的乾隆皇帝、慈禧太后，冬月经常在宫里观赏冰戏。

谚语：

1. 冬雪是个宝，春雪是根草。

2. 大雪不冻，惊蛰不开。

3. 今年的雪水大，明年的麦子好。

4. 大雪纷纷是丰年。

带鱼

中文学名：带鱼

地方名：白鱼、白带鱼

分类地位：硬骨鱼纲，鲈形目，带鱼科，带鱼属

形态特征：

1、体型：体显著延长，侧扁，呈带状，尾渐细。

2、体色：体银白色，尾部灰黑色，胸鳍浅灰色。

生活习性：暖温性集群洄游性鱼类，栖息于沿岸及近海沙泥底质水域。主食鱼类，也食甲壳类。

经济价值：为经济鱼类。可鲜销、腌制咸鱼或制罐头。

趣闻：

带鱼有"同类相食"的特性。"带鱼咬尾串串来"，就是由此而来。当捉上一条上钩带鱼，其尾部又会带上一条带鱼，最多时连起五六条互相咬尾带鱼。

璀璨夺目·陕西菜

陕西菜是大西北风味菜的简称。

风味特色，主料突出、主味突出、香味突出。

传说：羊肉泡馍

宋太祖赵匡胤落魄时，流落长安，正值寒冬，饥渴难耐。囊中只有一饼，饼冷口干，难以下咽。街边一家卖羊肉汤的老板，见之不忍，给他一碗热

气腾腾羊肉汤。赵匡胤忙将饼掰碎泡入。吃完之后，顿觉豪气冲天，一扫颓废心情，踏上征程。登基后，虽尝遍世间美味，心里唯独放不下记忆中的羊肉汤泡饼。于是，传令厨房仿制，即现今的羊肉泡馍。

名菜谱·陕西臊子面

原料：油豆腐 40 克，熟面条 200 克，五花肉 110 克，韭菜 15 克，胡萝卜 80 克，水发木耳 60 克，蛋皮丝 80 克，辣椒粉 30 克，葱段少许。

调料：生抽 5 毫升，盐 2 克，鸡粉 2 克，陈醋 10 毫升，食用油适量。

文化大家庭　12 月 9 日

关于作家

作家，从事文学创作的人。比如写诗填词、写散文、写戏剧等。古代有诗人屈原、李白、杜甫、词人苏轼、辛弃疾、散文家欧阳修、小说家曹雪芹等。现代有鲁迅、林语堂、巴金、茅盾、曹禺、老舍等。自古至今，中国作家群星灿烂。

文学作品的诞生，历经人生经验、心灵反省、文学想象、文字驾驭等过程。杜甫写"三吏""三别"，就是他一生颠沛流离生活的写照。曹雪芹写《红楼梦》，书中很多情景都是他少年时代钟鸣鼎食家族生活的呈现。王安石写"春风又绿江南岸"，这个"绿"字，经历"到""吹""过""绿"等多次修改。

你知道中国古典十大名著吗？

1、《红楼梦》（清曹雪芹著）　　2、《水浒传》（明施耐庵著）

3、《三国演义》（明罗贯中著）　　4、《西游记》（明吴承恩著）

5、《镜花缘》（清李汝珍著）　　6、《儒林外史》（清吴敬梓）

7、《封神演义》（明许仲琳著）　　8、《聊斋志异》（明蒲松龄著）

9、《官场现形记》（清李伯元著）　　10、《东周列国志》（明冯梦龙著）

关于书法

书法，书就是书写，用毛笔书写汉字；法就是法度，就是章法，书写之中流气韵，表节奏，显格局，体现书法之美。

古人云，字如其人，书法与人的境界紧密相连。汉朝杨雄说："书，心画也。"明朝项穆说："人正则书正，书法目的就是正人心。"苏东坡说："古代论书者，兼论其平生，苟非其人，虽工不贵也。"

清朝书法家刘熙载在《艺概》一书说："书者，如也，如其学，如其才，如其志，总之曰如其人也。"弘一法师认为，一幅字，格局（章法）得五十分，字本身得三十五分，印章得十分，墨色得五分。

你知道中国古代书法名家和作品吗？

王羲之，《兰亭序》　　王献之，《玉版十三行》

颜真卿，《祭侄文稿》　苏轼，《黄州寒食帖帖》

米芾，《蜀素帖》　　　怀素，《自叙帖》

关于美术

美术，静态造型艺术，包括绘画、雕塑、工艺美术等。绘画仅是其中一大内容。美术，可作两解，一解为美好的艺术，美即美好，术即艺术；另一解为精美的技巧，美即精美，术有专攻，亦即技巧技能。

绘画艺术是美的艺术，包括技巧、内容以及技巧内容完美结合所引起的观感效应。一幅好的画作，应当具有纯熟的绘画技巧、丰富的绘画内容、作品所寓含的意境与韵味。

绘画大体有三个层次，其一，画山似山；其二，画山是山；其三，似山非山，是山亦山。绘画画类众多，如国画、油画、工笔画等。

你知道中国现代美术名家和代表作吗？

吴昌硕《墨梅图》

齐白石《墨虾》

黄宾虹《山水卷》

徐悲鸿《八骏图》

刘海粟《黄山云海奇观》

文化大家庭　12月12日

关于音乐

音乐，包括声乐、器乐。音乐"五音"，蕴含深厚，景象丰富。《晋书·乐志》说："是以闻其宫声，使人温良而宽大；闻其商声，使人方廉而好义；闻其角声，使人倾隐而仁爱；闻其徵声，使人乐养而好使；闻其羽声，使人恭俭而好礼。"

音乐表达感情，展现生活，其形态各异，丰富多彩。不同乐器的音质、音色、音域，不同手法的独奏、合奏、协奏，表现不同的社会生活、不同的精神风采、不同的思想感情。

孔子提倡"礼乐并举"。"兴于诗，立于礼，成于乐。"

你知道中国古代音乐名家和作品吗？

嵇　康（魏）《琴赋》

李龟年（唐）《渭城曲》

姜　夔（唐）《白石道人歌曲》

关汉卿（元）《望江亭》

王实甫（元）《西厢记》

汤显祖（清）《南柯记》

关于戏剧

人生如戏，戏如人生。戏剧对于人生，该是何等重要。

何为戏剧？戏剧是一种综合性、集体性呈现的舞台表演艺术，老而不衰，生机勃勃。戏剧源于祭祀，从"娱神"到"娱人"，渐渐完成它从宗教仪式到艺术形式的过渡。

戏剧包括五要素：剧本、导演、演员、剧场、观众。这五个要素，各司其职，各展其用，构成一部戏剧的整体效果。智慧的戏剧，能够"观古今之须臾，抚四海于一瞬"。

我国戏剧种类众多。有京剧、越剧、川剧、豫剧、评剧、秦腔、话剧，等等。

关于曲艺

曲艺，是中华民族各种说、拉、弹、唱艺术的统称。曲艺表演简便易行，最接地气。

曲艺艺术表现手段就是"说"与"唱"。说的如小品、相声、评书、评话；唱的如东北大鼓、扬州清曲；似说似唱的如山东快书、萍乡春锣；又说又唱的如贵州琴书、恩施扬琴；又说又唱又舞的如二人转、凤阳花鼓；等等。

曲艺是一个大家族，"人丁"兴旺，曲种约有400个左右。各个曲种独立存在，各有个性，千差万别，构成了丰富的表演元素。

曲艺表演深植于社会，具有鲜明的民间性和群众性。可庙堂，可江湖，丰俭由人。

文化大家庭　12月15日

关于摄影

关于摄影，仁者见仁，智者见智。有人说是艺术，有人说是技术。也有人认为，两者兼而有之，先是技术，而后是艺术。

摄影首先是技术，它具有功能性、纪实性，如医学、科技、军事、交通、监控等。就民用摄影范围而言，我们每个人的生活，都离不开拍照。植入摄影功能手机的广泛使用，就是活生生的例子。

摄影是一门感性艺术。在那一"咔嚓"之间，生活细节被放大了，生活内容丰富了，由此产生感动，并因感动而联想许多。摄影的意义在于感受生命，发现万物之美，发现世界之美。

名家的话：

各尽其美，美人之美，

美美与共，天下大同。——费孝通

文化大家庭　12月19日

关于楹联

楹联，也称对联，由上下联组合，俗称对子、对偶。用于春节，则称春联；用于诸如结婚、乔迁之吉祥之事，则称"红联"。

楹联，早在先秦就有，当时用的是雏形桃符。到了五代，后蜀末代皇帝孟昶亲自将"桃符"改为"对联"。他写的是"新年纳余庆，嘉节号长春"，这应是历史上最早的楹联。

明代学者解缙，善作对子。曾有人出上联试他，为"天作棋盘星作子，谁人能下？"解缙略作思索作答："地为琵琶路为弦，哪个可弹？"对得绝妙，令人赞叹。

白云岩书院对联：

地位日高，日月每从肩上过；

门庭开豁，江山常在掌中看。——朱熹

文化大家庭　12月17日

关于石头诗

唐朝白居易写《莲石》（节选）："青石一两片，白莲三四枝。寄将东洛去，心与物相随。"

唐朝王建写《望夫石》："望夫处，江悠悠。化为石，不回头。山头日日风复雨，行人归来石应语。"

南宋陆游写《菖蒲》（节选）："雁山菖蒲昆山石，陈叟持来慰幽寂。寸根蹙密九节瘦，一拳突兀千金直。"

清朝大作家曹雪芹写的《红楼梦》，就叫《石头记》。他写了一首石头诗，叫《题自画石》。诗曰："爱此一拳石，玲珑出自然。溯源应太古，堕世又何年？有志归完璞，无才去补天。不求邀众赏，潇洒做顽仙。"

司马迁秉直写史书

司马迁，字子长，西汉时期著名的史学家、文学家。司马迁任太史令时，大胆直言，替李陵败降之事辩解。汉武帝当庭大怒，将他处以宫刑。后改任中书令。受刑后，司马迁忍辱负重，发奋继续完成《史记》，历二十余年。被后代尊称为史迁、太史公。

司马迁的《史记》，是中国史学上第一部贯通古今、网罗百代的纪传体通史。也开创了我国传记文学的开端。史记分为本纪、书、表、世家、列传等五大部分，全书共130篇、526500余字。从传说的黄帝开始，一直写到汉武帝元狩元年。《史记》叙述我国长达3000多年的历史。是"二十五史"之首。被鲁迅誉为"史家之绝唱，无韵之离骚"。

司马迁博学多才，正直秉笔，一部《史记》成就千古盛名。

——选自陈燕松《新编古今故事》

王献之学书法

王献之，字子敬，东晋著名书法家、诗人。为"书圣"王羲之第七子，与其父并称为书界"二王"。

王献之从小跟随父亲学习书法。父亲经常指正，但更多的要求他练字要用心、刻苦，书法的基本功要扎实。有一天，他觉得学得差不多了，就写了一个"大"字，拿去给父亲看。王羲之看完，没说什么，随手在"大"下面点了一个点。

王献之不解其意，只好去请教母亲。请教时，他并没有说出那个"点"的事。母亲看完，指着"大"字那一点说，"只有这一点写得还不错。"

王献之听了，才知道自己和父亲的书法还相差很远。从此，他更加刻苦练字，并有所创新，终于成了著名的书法家。

这个故事告诉我们，学习不要急于求成，要日精业进，久久为功。

——选自陈燕松《新编古今故事》

文人故事　12月20日

司马光潜心编写《资治通鉴》

司马光，北宋政治家、史学家、文学家。他禀性刚正，做事勤勉。司马光堪称儒家典范，历来受人景仰。

宋神宗时，司马光因政见不同，极力反对王安石变法，被迫离开朝廷十五年。仕途虽然不顺，并未影响司马光为人为学的心志。在此期间，他博览群书，查阅资料，潜心编写《资治通鉴》。

《资治通鉴》是司马光写的一部多卷本编年体史书。有294卷，涵盖从周威烈王二十三年（前403）至五代后周世宗显德六年（959），共16朝，历1362年历史。全书约300多万字。

《资治通鉴》内容以政治、军事史实为主，展示历代君主之道和民众生活。该书"鉴于往事，有资于治道"，成为历代统治者为政经典，在我国史学上占有重要地位。

这个故事告诉我们，只要忠诚谋国，公义社会，就可不堕青云之志，有所作为。

——选自陈燕松《新编古今故事》

二十四节气原理

地球每 365 天 5 时 48 分围绕太阳公转一周，每天 24 小时还要自转一次。由于地球旋转的轨道面同赤道面不是一致的，存在一定的倾斜，所以一年四季太阳光直射到地球的位置就会不同。以北半球来讲，太阳直射在北纬 23.5 度时，天文上就称为夏至；太阳直射在南纬 23.5 度时称为冬至。夏至和冬至即指已经到了夏、冬两季的中间了。一年中太阳两次直射在赤道上时，就分别为春分和秋分，也就是到了春、秋两季的中间，这两天白昼和黑夜是等长的。

江雪

（唐）柳宗元

千山鸟飞绝，万径人踪灭。

孤舟蓑笠翁，独钓寒江雪。

冬至

冬至，是二十四节气中的第二十二个节气。一般在每年公历 12 月 22 日前后交节。《二十四节今解》说，"阴极之至，阳气始生。日南至，日短之至，日影长之至，故曰冬至。"

冬至时节，习俗颇多。有涂画"九九消寒图"的习俗；有舅姑绣鞋给外甥侄子的习俗；在很多地方，也有冬至日吃汤丸的习俗。古时候，汤丸一般为糯米磨浆所做，手工制作，吃的都是甜汤丸。时下，汤丸品种多了起来，有甜的、咸的；也有包料夹馅的，花生、芝麻都有。大都已经工厂化生产了。

古诗中的冬至：

小至

（唐）杜甫

天时人事日相催，冬至阳生春又来。

刺绣五纹添弱线，吹葭六琯动浮灰。

岸容待腊将舒柳，山意冲寒欲放梅。

云物不殊乡国异，教儿且覆掌中杯。

文人故事　12月23日

王冕学画

王冕，浙江诸暨人，元朝著名画家、诗人、篆刻家。

王冕出身贫寒，家里很穷，只能靠给财主家放牛维持生计。一日，王冕正在湖边放牛。这时，雨过天晴，美丽的景色深深吸引了他。他想，要是能将此情此景画下来该有多好啊！没有笔墨，怎么办呢？聪明的王冕灵机一动，何不将草棍当作笔，就在地上学画。

从此以后，王冕天天一边放牛，一边在地上画画，直到天黑才回家。就这样，日复一日，年复一年，经过多年悉心观察花草、山水，经过多年琢磨、训练，王冕终于靠自学成为画家、诗人。他以画梅著称，尤工墨梅。他的诗作，轻视功名利禄，同情百姓苦难，有《竹斋集》三卷，续集两卷。

这个故事告诉我们，业精于勤。只要立志，只要肯下功夫，一定可以实现人生目标。

——选自陈燕松《新编古今故事》

韦贤教子

《三字经》讲，"人遗子，金满籝；我教子，唯一经。"这两句话，说的就是韦贤教子的故事。

韦贤，西汉时邹城人。他为人勤奋好学，精通《诗经》《礼记》等古代典籍，被称为"邹鲁大儒。"昭帝闻其美名，特地聘他担任经学博士。自此，他进入朝廷任职，常为昭帝讲授《诗经》。汉宣帝继位，韦贤受到重用，担任丞相。

韦贤有四个儿子。由于他重家教，经常督促学习，每个儿子都有知识、有才干，也很有出息。有当县令的，有当太守的，最小的儿子韦玄成才学超群，也像韦贤一样，担任丞相。韦贤说，"留给子孙满筐黄金，不如教他们受用终生的一经。"在韦贤看来，还是耕书传家好。

韦贤教子，流传下来，成了千百年来人们仿效的典范。

这个故事告诉我们，授之以鱼，不如授之以渔。现代社会，父母教育子女，应当注重"授之以渔"。

——选自陈燕松《新编古今故事》

蔡邕倒履迎客

东汉时期，有一个杰出的文学家，叫蔡邕。他博学多才，文坛地位很高，却从不高傲，非常尊重有才学的人。当时，还有一位青年才子，名叫王粲，也名闻天下。

有一天，王粲来到长安，慕名到蔡府拜访。在蔡府门前，王粲有些忐忑不安。怕初次见面，蔡邕端起架子，怠慢轻侮。没有想到，蔡邕听说王粲来了，很是高兴，马上起身到门口迎接。由于太急，鞋子都穿反了。他把王粲迎进家中，隆重向在场宾客做了介绍。言语之间，对王粲赞赏有加，态度诚恳、友好。遇见有名望的文坛前辈如此礼遇，王粲大受鼓舞，从此学习更加勤奋。后来，王粲果然不负众望，也成为著名文学家，列居"建安七子"。

蔡邕倒履迎客，礼贤青年学子，被流传开来。

这个故事告诉我们，要礼貌待人，尊重有才学的人。互相尊重，互相帮衬，也是当今社会所应倡导的。

——选自陈燕松《新编古今故事》

文人故事　12月26日

梁灏借书

北宋时，梁灏于82岁考中状元，一时传为佳话。梁灏少时借书的故事，也渐渐流传开了。

梁灏幼时父母早逝，由叔父收养。他从小好读书，因家境贫寒买不起书。只好跟别人借书来抄，然后再仔细读。梁灏对借来的书非常爱护，也很守信，每次都按时归还。

一个冬天的晚上，夜很深了，梁灏还在抄一本厚厚的书。叔父一觉醒来，就对他说："天这么冷，你抄一天了，还是明天再抄吧。"梁灏说："我明天要将书还给人家，做人要守信用的。"叔父笑说："人家书很多，不急着用这本，迟一天没关系。"梁灏说："我向别人借书一向守信。如果这次违约，今后就没人肯借书给我了。"等梁灏抄完，天都亮了。

第二天，梁灏准时将书还给主人。主人很惊讶，为梁灏的守信所感动。主人说："一件小事，看出一个人的品行。梁灏会有大出息的。"

——选自陈燕松《新编古今故事》

天下兴亡，匹夫有责

顾炎武，明末清初著名的思想家。"天下兴亡，匹夫有责"，就是顾炎武提出来的。

顾炎武自幼好学，六岁开始读书，十岁开始读史。十一岁时，顾炎武的爷爷就要他读完《资治通鉴》。爷爷语重心长地对他说："读书要认真，做学问要踏实，不能不求甚解、泛泛而读。"爷爷的话，对他教育很大，成为他的座右铭。

顾炎武读书，喜欢做笔记，随时将心得写下来。如有空暇，便再拿出来看，琢磨一番，思索一番。有好的想法，就添上去，修修补补，直到满意为止。经过日积月累，顾炎武将自己的读书心得编成一部书——《日知录》。这部书内容丰富，史料翔实，有诸多精辟见解，对后世极有影响。

这个故事告诉我们，读书也好，做学问也好，既要博学，又要善于思考，善于归纳和总结。

——选自陈燕松《新编古今故事》

文人故事 12月28日

林语堂："我是中国人"

林语堂，福建漳州人。"两脚踏东西文化，一心评宇宙文章。"他是中国文学大师，中西文化交流使者，世界文化名人。

20世纪30年代，林语堂移居美国。他虽身居异国，游子之心依然牵挂故国家乡。中国抗战，林语堂撰写抗战文章，排练抗战戏剧。以赤子之心，声援祖国正义事业。他想念故土山山水水，喜欢说闽南方言，喜欢吃家乡菜。在美国三十年，他始终不入美国籍，坚持不在美国买房子。有人问他，他说："我是中国人。"

"还乡年纪应还乡。"20世纪60年代，年届古稀的他，思乡之情日炽。于是，他全家举迁，回到祖国宝岛台湾。虽不是闽南家乡，但能处处听到乡音，感受家乡风土人情。有一次，林语堂闲来无事，去逛夜市，遇见卖东西的闽南老乡。乡音无改，攀谈起来，非常开心。他便向老乡买了一大堆家乡特产，尽管用处不大却可慰相思之苦。

——选自陈燕松《新编古今故事》

文人故事　12月29日

郁达夫雪中探文友

沈从文是我国著名作家。他在成名之前，曾吃过不少苦。当时，他家里很穷，数九寒冬，买不起煤，屋里没有生炉子，阴气逼人。在写作时，为了御寒，沈从文常常用棉被包着脚，可双手还是被冻得红肿，苦不堪言。

有一天，大雪飘飘，沈从文被冻得瑟瑟发抖。有个陌生人敲门进来，和善地问："请问沈从文先生是在这儿吗？"沈从文起身答："我就是。"来人说："你就是沈从文，原来你这么年轻。我是郁达夫。我读过你的文章，算是认识了。"

郁达夫看了看沈从文，连忙解下自己脖子上的围巾，给沈从文围上。见沈从文尚未吃饭，又请他到附近饭馆里吃了一顿。两人惺惺相惜，谈了很久。

临走时，郁达夫将身上仅有的三块银元都塞给了沈从文。并对他说："要坚持，好好写下去。我会再来看你的。"

——选自陈燕松《新编古今故事》

老舍践诺

作家舒庆春，笔名老舍，是一个品行高洁且重信诺的人。

1943年，老舍家在重庆，家中有一幅齐白石的画。有一天，著名出版家赵家璧夫妇来访，啧啧称赞这幅画。并对老舍说："我对白石老人的画，真真太喜欢了。要是有生之年，能得一幅白石老人的画，那真是人生之大幸。"老舍当即允诺下来。说待到抗战胜利，一定代请白石老人作画，赠送他们。

1963年，有一天，赵家璧到老舍家拜访。老舍忽然取出一幅画来，说，"这些年来，错过向白石老人求画。这幅画，也是白石老人的画。虽然是从画商那里买来的，挂在你的家里再也合适不过。你们同样会喜欢的。"赵家璧喜出望外，激动地说："20年了，你还牢记当年承诺，真难得啊。"老舍说："承诺了，就要尽量去做。一诺千金才是真君子呀。"

——选自陈燕松《新编古今故事》

漳州新颂

陈燕松

秋月柚香，冬月桔黄。一骑轻尘，妃子笑，最忆夏月荔红。闽南水乡晨清，更有九十九湾，尽在晓雾中。漫看蕉海绿波，西湖依稀出云重。点点霜寒，怎敌我，满城水仙花浓。

道周书法，语堂故里，曾记否？朱子来去匆匆。锦歌芗剧，潮音南乐，竞相邹鲁唱从容。一杯浊酒，话千年古城，生态和谐，文化鼎盛，舞东风。大美漳州今又是，年年新颂。

阎立本《步辇图》

《步辇图》描绘了贞观十五年（641）正月，唐太宗会见松赞干布派来迎娶文成公主的使者的情景。画中的太宗形象是全图的重心所在。画家运用对比手法进行衬托，以宫女们的娇小、稚嫩和不同体态，来映衬唐太宗的俊朗、深沉与凝重，充分展示出了盛唐明君的风范与威仪。

《步辇图》局部

每月书法

曹操书法

作为东汉末年杰出的政治家、军事家、文学家、书法家，曹操的书法水平毋庸置疑。不过遗憾的是，曹操流传于世的墨迹极少，据传现留存于世的只有两个字，即曹操在征汉中时，写在一块大石上的"衮雪"二字。